宗谷本線、深名線、美幸線、興浜北線、興浜南線、渚滑線、湧網線、相生線

道北の国鉄・JR
1980年代〜90年代の記録

写真：野沢敬次、堀井敬之
解説：牧野和人

岬の突端部分を、単行の気動車がゆっくりと走って行った。積丹半島に同名の岬があるため、それと区別して地域名を冠した北見神威岬。浜頓別町と枝幸町の境界である。切り立った斜面に建つ灯台は1962（昭和37）年の竣工。稚内から網走に至るオホーツク海沿岸で最初に建設された近代灯台だった。◎興浜北線　斜内〜目梨泊　1982（昭和57）年2月26日

.....Contents

※特記以外は野沢敬次撮影

はじめに

　厳しい自然環境の下に息づく北海道の鉄道。夏には草いきれで包まれた原野を進み、厳冬期には吹きすさぶ北風に抗い、流氷が押し寄せる海辺を行く。

　特に沿線人口が少ない地域が多い道北地方では、雄大な景色の中を走る単行気動車に出くわす機会が多かった。旭川と稚内を結ぶ宗谷本線を軸として、地方の拠点、寒村にまで張り巡らされていた国鉄路線網。開業当初は一日数往復の運転であっても、それらは地元住民にとって欠かせない交通手段だった。

　しかし沿線人口の少なさ、自家用車の台頭により、昭和末期に入ると多くの鉄路は不採算路線としてバス転換等、廃止の運命を辿った。国鉄の分割民営化に前後して廃止された路線の中には、線路跡等が草木に埋もれて、遺構が見当たらない場所が少なくない。

　本書では鉄道が各地で当初の使命を終え、姿を消そうとしていた時代に、日本国内にあって個性的な風土の横顔を求めて渡道を繰り返し、撮影を敢行していた野沢敬次さん、堀井敬之さんの作品で、往時の最果て路線を振り返ってみよう。周遊券を手に訪れた、北の大地の記憶を思い起こしていただけたら幸いである。

2022（令和4）年1月　牧野和人

旭川市内を過ぎ、当麻町へ入ると日本三大河川の一つに数えられる石狩川を渡る。延長270kmにおよぶ大河は、上川盆地付近で上流から中流域に至るが、その幅は渓流と呼ぶには余りに広い。当麻町と比布町に跨る第三石狩川橋梁に向かって、河川敷に長大な築堤が続いていた。
◎宗谷本線北永山〜南比布　1990（平成2）年3月22日

本書に掲載した路線

【宗谷本線】

区間	旭川～稚内　259.4km
全通	1928（昭和3）年12月26日

旭川　あさひがわ
0.0km（旭川起点）
↓
旭川四条　あさひがわよじょう
1.8km（旭川起点）
↓
新旭川　しんあさひがわ
3.7km（旭川起点）
↓
永山　ながやま
9.3km（旭川起点）
↓
北永山　きたながやま
12.0km（旭川起点）
↓
南比布　みなみぴっぷ
14.7km（旭川起点）
↓
比布　ぴっぷ
17.1km（旭川起点）
↓
北比布　きたぴっぷ
20.2km（旭川起点）
↓
蘭留　らんる
22.8km（旭川起点）
↓
塩狩　しおかり
28.4km（旭川起点）
↓
和寒　わっさむ
36.3km（旭川起点）
↓
東六線　ひがしろくせん
41.4km（旭川起点）
↓
剣淵　けんぶち
45.2km（旭川起点）
↓
士別　しべつ
53.9km（旭川起点）
↓
下士別　しもしべつ
58.3km（旭川起点）
↓
多寄　たよろ
61.7km（旭川起点）
↓
風連　ふうれん
68.1km（旭川起点）
↓
東風連　ひがしふうれん
72.6km（旭川起点）
↓
名寄　なよろ
76.2km（旭川起点）
↓
日進　にっしん
80.2km（旭川起点）
↓

智東　ちとう
84.9km（旭川起点）
↓
北星　ほくせい
89.3km（旭川起点）
↓
智恵文　ちえぶん
91.2km（旭川起点）
↓
南美深　みなみびふか
95.6km（旭川起点）
↓
美深　びふか
98.3km（旭川起点）
↓
初野　はつの
101.9km（旭川起点）
↓
紋穂内　もんぽない
105.0km（旭川起点）
↓
恩根内　おんねない
112.1km（旭川起点）
↓
豊清水　とよしみず
117.9km（旭川起点）
↓
咲来　さっくる
124.7km（旭川起点）
↓
音威子府　おといねっぷ
129.3km（旭川起点）
↓
筬島　おさしま
135.6km（旭川起点）
↓
神路　かみじ
143.1km（旭川起点）
↓
佐久　さく
153.6km（旭川起点）
↓
天塩中川　てしおなかがわ
161.9km（旭川起点）
↓
下中川　しもなかがわ
165.8km（旭川起点）
↓
歌内　うたない
170.3km（旭川起点）
↓
問寒別　といかんべつ
175.8km（旭川起点）
↓
雄信内　おのっぷない
183.7km（旭川起点）
↓
安牛　やすうし
189.7km（旭川起点）
↓
南幌延　みなみほろのべ
191.6km（旭川起点）
↓
上幌延　かみほろのべ
194.6km（旭川起点）
↓

幌延　ほろのべ
199.4km（旭川起点）
↓
下沼　しもぬま
207.2km（旭川起点）
↓
豊富　とよとみ
215.9km（旭川起点）
↓
徳満　とくみつ
220.9km（旭川起点）
↓
芦川　あしかわ
226.6km（旭川起点）
↓
兜沼　かぶとぬま
230.9km（旭川起点）
↓
勇知　ゆうち
236.7km（旭川起点）
↓
抜海　ばっかい
245.0km（旭川起点）
↓
南稚内　みなみわっかない
256.7km（旭川起点）
↓
稚内　わっかない
259.4km（旭川起点）

【深名線】

区間	深川～名寄　121.8km
開業	1924（大正13）年10月26日
廃止	1995（平成7）年9月4日

深川　ふかがわ
0.0km（深川起点）
↓
上多度志　かみたどし
10.8km（深川起点）
↓
多度志　たどし
14.0km（深川起点）
↓
幌成　ほろなり
22.3km（深川起点）
↓
鷹泊　たかどまり
27.3km（深川起点）
↓
沼牛　ぬまうし
37.9km（深川起点）
↓
幌加内　ほろかない
43.7km（深川起点）
↓
雨煙別　うえんべつ
51.1km（深川起点）
↓
政和　せいわ
58.7km（深川起点）
↓

新富　しんとみ
64.2km（深川起点）
↓
添牛内　そえうしない
68.6km（深川起点）
↓
朱鞠内　しゅまりない
78.8km（深川起点）
↓
蕗ノ台　ふきのだい
89.5km（深川起点）
↓
白樺　しらかば
93.6km（深川起点）
↓
北母子里　きたもしり
99.0km（深川起点）
↓
天塩弥生　てしおやよい
114.6km（深川起点）
↓
西名寄　にしなよろ
117.8km（深川起点）
↓
名寄　なよろ
121.8km（深川起点）

【美幸線】

区間	美深～仁宇布　21.2km
開業	1964（昭和39）年10月5日
廃止	1985（昭和60）年9月17日

美深　びふか
0.0km（美深起点）
↓
東美深　ひがしびふか
4.3km（美深起点）
↓
辺渓　ぺんけ
6.3Km（美深起点）
↓
仁宇布　にうぷ
21.2km（美深起点）

【興浜北線】

区間	浜頓別～北見枝幸　30.4km
開業	1936（昭和11）年7月10日
廃止	1985（昭和60）年7月1日

浜頓別　はまとんべつ
0.0km（浜頓別起点）
↓
豊牛　とようし
7.0km（浜頓別起点）
↓
斜内　しゃない
12.4km（浜頓別起点）
↓
目梨泊　めなしどまり
17.7km（浜頓別起点）
↓
問牧　といまき
23.1km（浜頓別起点）
↓
北見枝幸　きたみえさし
30.4km（浜頓別起点）

【興浜南線】

区間	興部～雄武　19.9km
開業	1935（昭和10）年9月15日
廃止	1985（昭和60）年7月15日

興部　おこっぺ
0.0km（興部起点）
↓
沢木　さわき
8.3km（興部起点）
↓
栄丘　さかえおか
13.4km（興部起点）
↓
雄武　おむ
19.9km（興部起点）

【渚滑線】

区間	渚滑～北見滝ノ上　34.3km
開業	1923（大正15）年11月5日
廃止	1985（昭和60）年4月1日

渚滑　しょこつ
0.0km（渚滑起点）
↓
下渚滑　しもしょこつ
4.7km（渚滑起点）
↓
中渚滑　なかしょこつ
9.5km（渚滑起点）
↓
上渚滑　かみしょこつ
16.8km（渚滑起点）
↓
滝ノ下　たきのした
24.8km（渚滑起点）
↓
濁川　にごりかわ
31.0km（渚滑起点）
↓
北見滝ノ上　きたみたきのうえ
34.3km（渚滑起点）

【湧網線】

区間	中湧別～網走　89.8km
開業	1935（昭和10）年10月10日
廃止	1987（昭和62）年3月20日

中湧別　なかゆうべつ
0.0km（中湧別起点）
↓
芭露　ばろう
9.9km（中湧別起点）
↓
計呂地　けろち
16.5km（中湧別起点）
↓
床丹　とこたん
21.0km（中湧別起点）

佐呂間　さろま
29.3km（中湧別起点）
↓
知来　ちらい
36.0km（中湧別起点）
↓
仁倉　にくら
41.4km（中湧別起点）
↓
浜佐呂間　はまさろま
46.0km（中湧別起点）
↓
北見富丘　きたみとみおか
49.4km（中湧別起点）
↓
北見共立　きたみきょうりつ
54.0km（中湧別起点）
↓
常呂　ところ
59.5km（中湧別起点）
↓
能取　のとろ
66.7km（中湧別起点）
↓
北見平和　きたみへいわ
73.1km（中湧別起点）
↓
卯原内　うばらない
76.6km（中湧別起点）
↓
二見ヶ丘　ふたみがおか
82.1km（中湧別起点）
↓
網走　あばしり
89.8km（中湧別起点）

【相生線】

区間	美幌～北見相生　36.8km
開業	1924（大正13）年11月17日
廃止	1985（昭和60）年4月1日

美幌　びほろ
0.0km（美幌起点）
↓
上美幌　かみびほろ
6.2km（美幌起点）
↓
活汲　かっくみ
11.9km（美幌起点）
↓
津別　つべつ
16.6km（美幌起点）
↓
恩根　おんね
20.8km（美幌起点）
↓
本岐　ほんき
24.7km（美幌起点）
↓
布川　ぬのかわ
32.3km（美幌起点）
↓
北見相生　きたみあいおい
36.8km（美幌起点）

本書掲載写真の撮影地付近の地図（1970年当時） 国土地理院発行「5万分の1地形図」

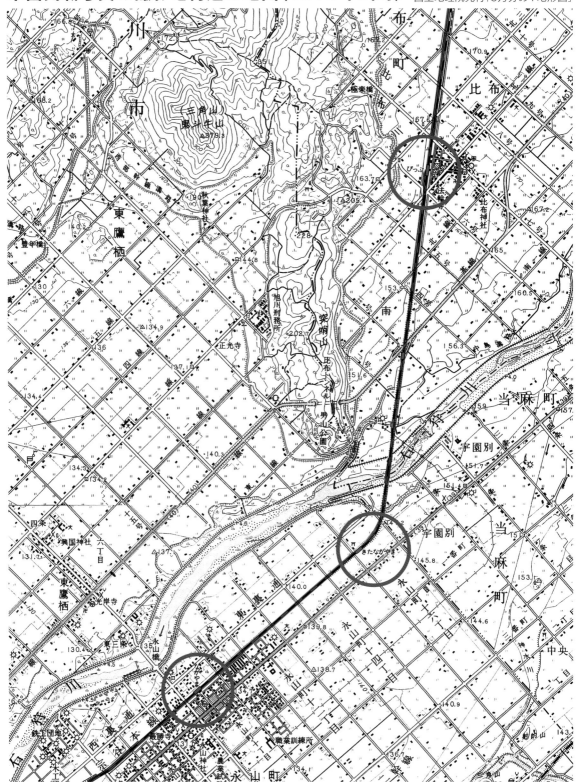

宗谷本線（1970年）

北の都札幌に次ぎ、道内第二の人口を抱える旭川市は道央地域の中核都市。宗谷本線は碁盤の目状に区割りされた市街地の南側に置かれた、ターミナル駅を起点とする。隣駅の新旭川から石北本線が分岐した後も、宗谷本線は町中を直線的に東進。永山地区を過ぎた辺りから、沿線は田園風景に変わり、線路は左手に大きく曲がって、石狩川に架かる橋梁へ続く。

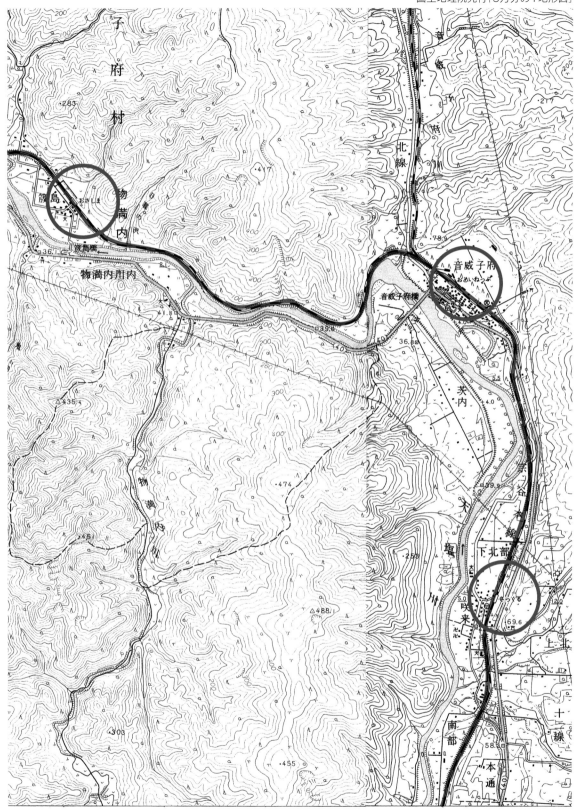

宗谷本線 (1970年)

大正期に入って鉄道駅が開業した音威子府村。以降、貨物を取り扱う広い構内や機関車の駐泊施設が置かれ、地域鉄道の拠点となった。しかし、村自体は人口1000人に満たない、北海道で最も人口が少ない自治体だった。山側へ向かって北へ延びている、天北線はかつての宗谷本線。稚内から内陸部を南下延伸して来た天塩北線と、音威子府から天塩川沿いに延伸していた天塩南線が結ばれたのは1925 (大正15) 年だった。

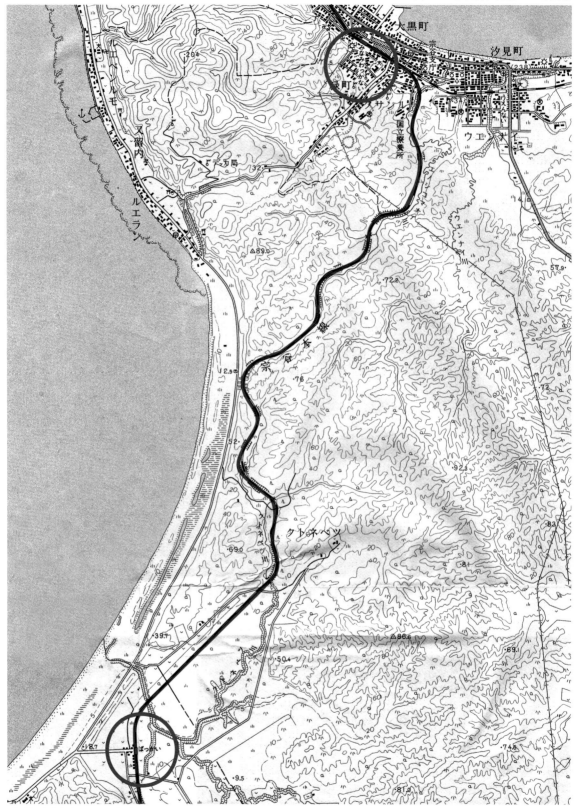

宗谷本線（1970年）

稚内の郊外部となるクトネベツ地区は広大な丘陵が続き、荒涼とした眺めが続く。宗谷本線は、左右に幾重もの曲線を描きながら、丘陵の谷間をすり抜けるように進み、海辺の寒村抜海を目指す。海岸部より高い位置を走る列車の車窓からは、丘陵の切れ間から海を望むことができる。天候に恵まれると、利尻山（1721m）が水平線の向こうにそびえる絶景が展開する。

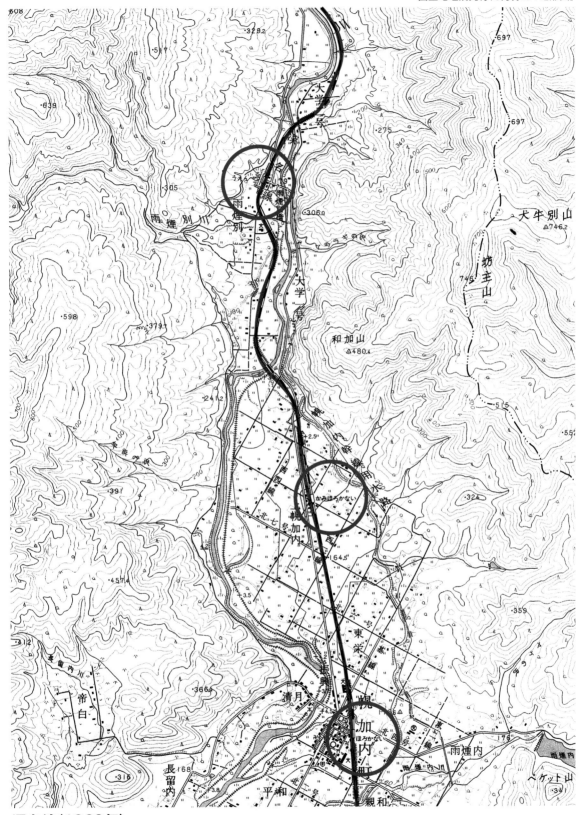

深名線（1969年）

暴れ川の雨竜川に沿って細長い盆地形状の平地が形成される朱鞠内から幌加内に至る地域。深名線はソバ畑や牧草地が続く、ひなびた農村部を入っていた。この界隈は道内でも屈指の低温、豪雪地帯だ。低い山並みが遠望される長閑な里は、降雪に見舞われると表情を一変させる。厳冬期ともなれば車窓の上まで、雪の壁に埋め尽くされる。

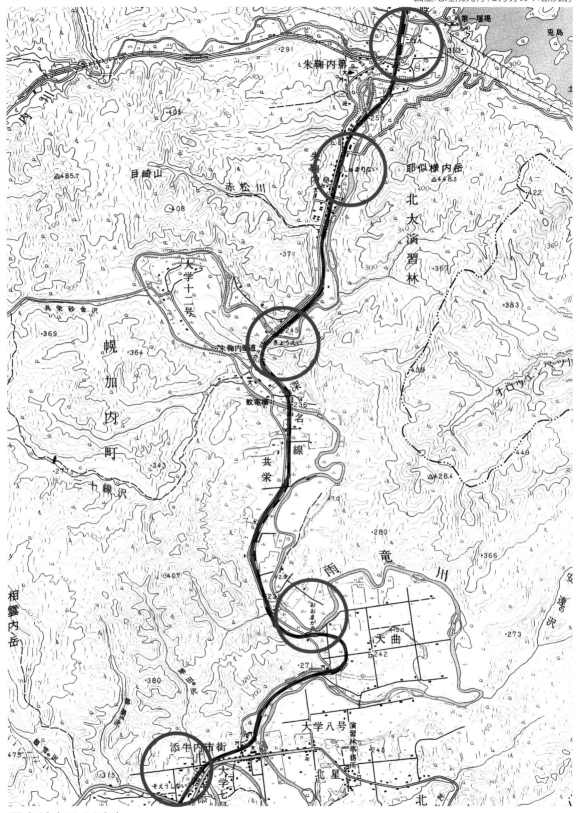

国土地理院発行「5万分の1地形図」

深名線（1969年）

深川〜多度志間が国有鉄道雨龍線として開業したのは1924（大正13）年。以降、朱鞠内までの鉄路は短い延伸を繰り返し、添牛内〜朱鞠内間が1932（昭和7）年に開業するまで、約80kmの鉄道建設に8年の歳月を要した。深川〜多度志間と添牛内〜朱鞠内間の開業日は、ともに10月25日だった。幌加内線と改称した鉄路は、雨竜ダム建設の資材輸送に充当された。

10

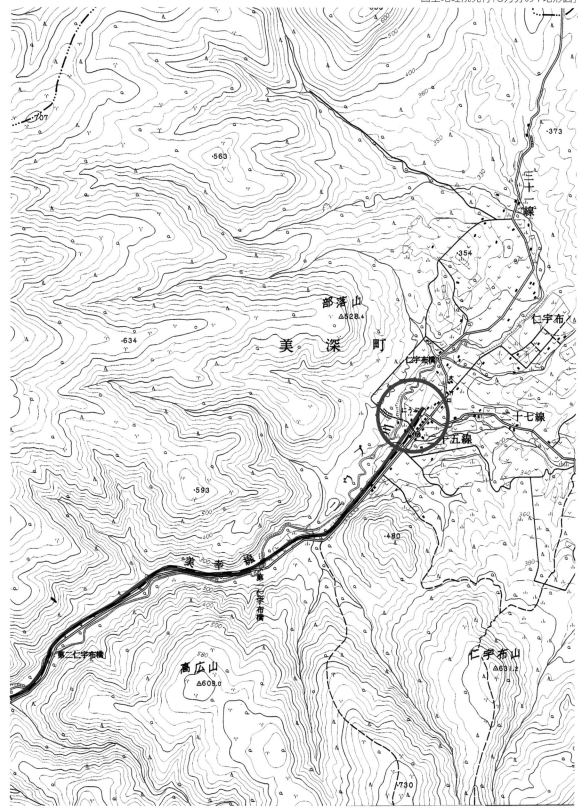

美幸線（1970年）

美深よりペンケ仁宇布川に沿って、林の中をひたすら東へ進むと、突然周囲が開けて小さな盆地状の畑地が現れる。ここが美幸線の終点駅があった仁宇布だ。路線の廃止後は、NPO法人美深トロッコ王国の拠点として使われている。トロッコ王国は駅後より辺渓方に残る約5kmの線路を使い、エンジン付き保線用軌道自転車の運転体験ができる施設だ。

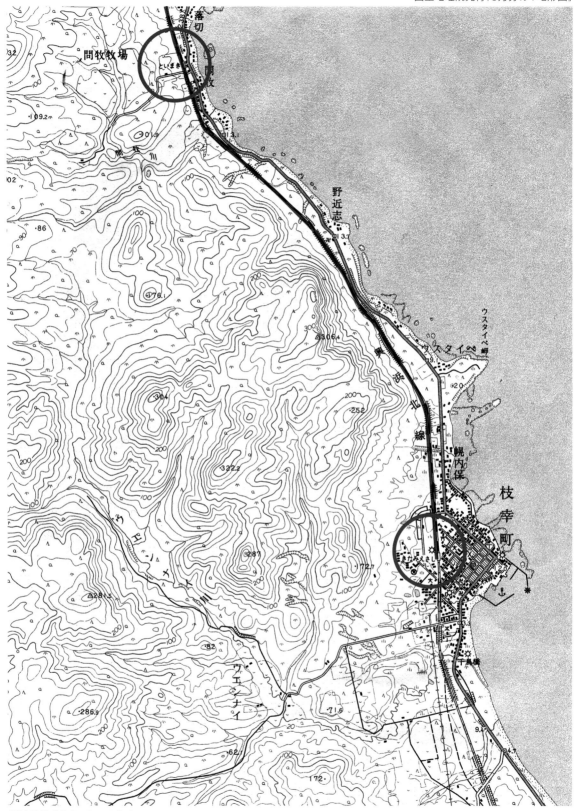

興浜北線（1970年）

天北線の浜頓別駅から30kmほど海岸線に沿って南下すると、カニ籠漁で栄えた枝幸町に着く。興浜北線として浜頓別〜北見枝幸間が開業したのは1916（昭和11）年。但し、当初は約50km離れた興浜南線の終点雄武と結び、浜頓別〜興部間を興浜線として、オホーツク海沿岸の縦貫鉄道を形成する構想だった。沿線開発の頓挫等が要因となり、この計画は実現しなかった。

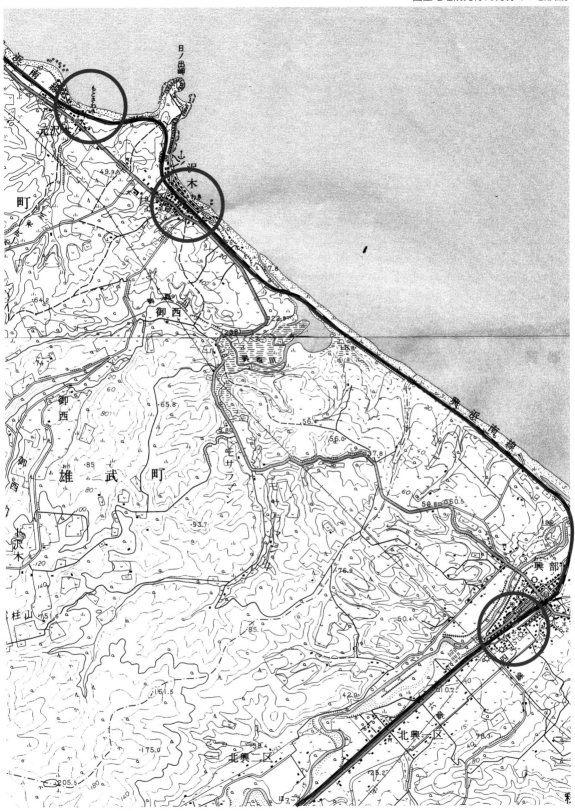

国土地理院発行「5万分の1地形図」

興浜南線（1971年）

興部駅から名寄本線が東へ向かっていたのに対して、大きな曲線を描いて北西方向に延びていた興浜南線。僅かな市街地を抜けると、河口付近で若干川幅が広がった興部川を渡る。沿岸部へ出ると、荒涼とした海岸線が続く。オホーツク海に向かって河口部が御西川になっているオニシ沼を渡ると、日ノ出岬の東麓にある沢木に着く。

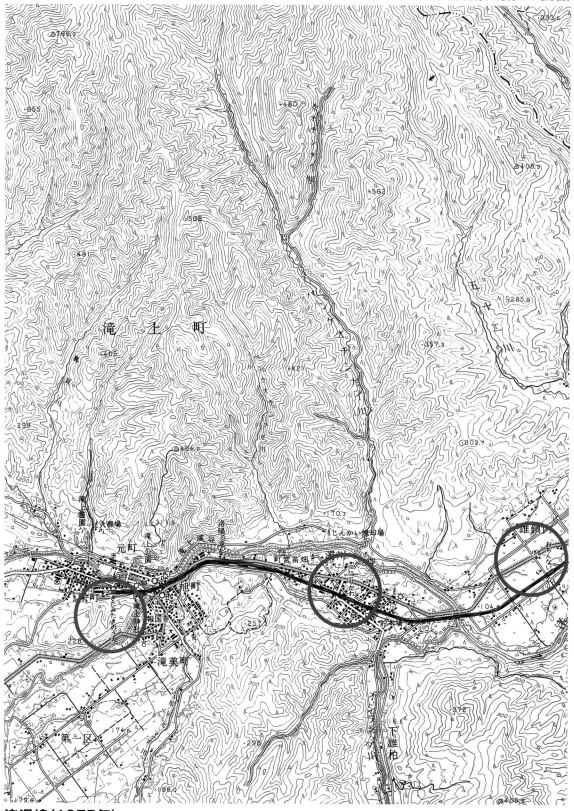

渚滑線（1975年）

名寄本線の渚滑駅から、山側の谷へ向かって建設された渚滑線。終点の北見滝ノ上駅は近在の山から切り出される木材の集積地であり、沿線には他にも貯木場等の林業施設が何か所かあった。北見滝ノ上より先は建設当初、石北線（現　石北本線）の上川と結ぶ計画があった。しかし、上川〜遠軽間の鉄道建設が始まると、北見滝ノ上以遠の線路は幻と消えた。

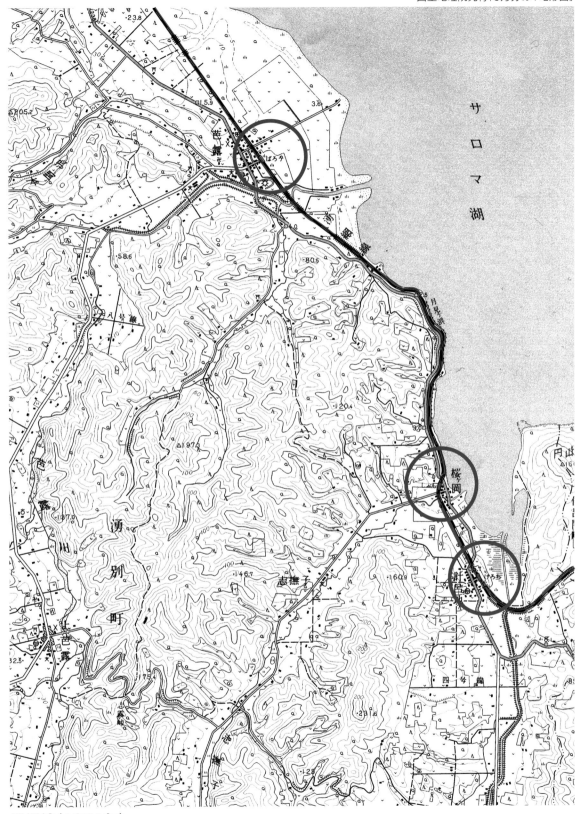

湧網線（1971年）

湧網線はサロマ湖、オホーツク海、能取湖、網走湖と変化に富んだ水辺を走る路線だった。芭露～計呂地間で列車はサロマ湖の畔を通る。駅間の中間付近で線路は小さな曲線を連らね、列車と湖の組み合わせは沿線随一の絶景として鉄道ファンに人気があった。また、同区間の計呂地寄りには志撫子仮乗降場があった。一部の列車は通過したものの、1987（昭和62）年の路線廃止時まで存続した。

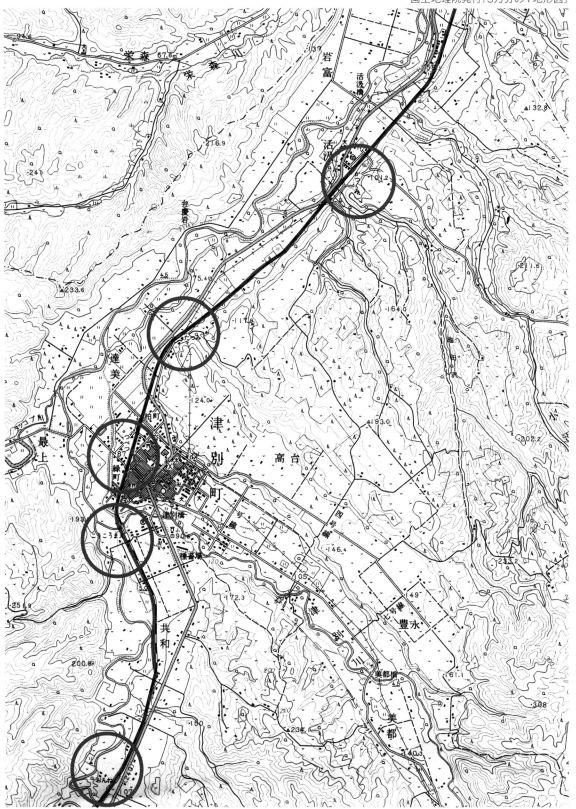

国土地理院発行「5万分の1地形図」

相生線（1967年）

石北本線の美幌駅より分岐して、町の南側山岳部へ向かう経路を取っていた相生線。約17km離れた津別は林業で栄えた町だ。縄文時代より集落があった形跡があり、江戸時代にはアイヌと松前藩の間で交易が行われた。現在も複数の金融機関が支店を置く。津別駅では1979（昭和54）年まで貨物扱い。1984（昭和59）年まで荷物扱いが行われていた。

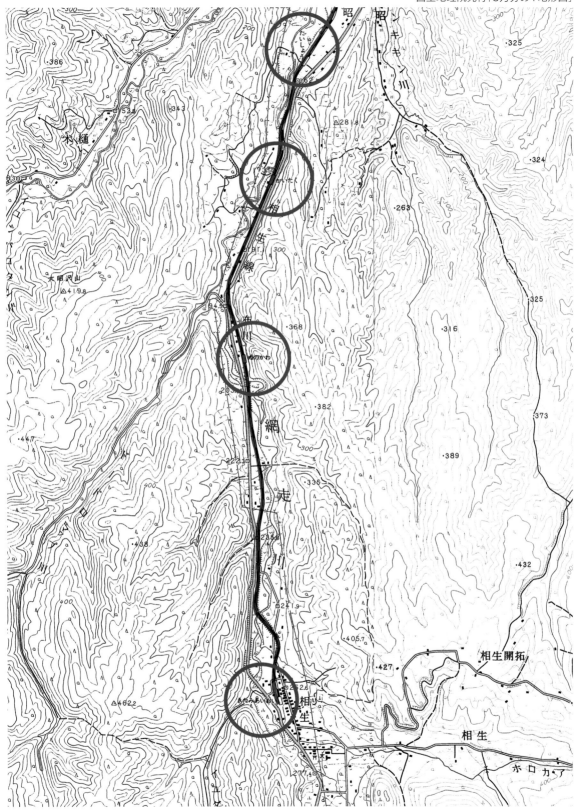

相生線（1969年）

網走川に沿って山間部へ延びていた相生線は、路線名の通り約37km進んだ北見相生で轍を止めていた。建設当初は美幌と釧路を結ぶ、山間部を縦断する路線として計画された。しかし、藻琴山、雄阿寒岳、雌阿寒岳、屈斜路湖を隔てた東麓を通る釧網本線が1931（昭和6）年に全通し、北見相生より先の延伸計画は白紙となった。

宗谷本線
そうやほんせん

2011（平成23）年に現在の四代目駅舎が全面開業した旭川駅。これは1960（昭和35）年から使われていた三代目駅舎で、地下に旭川ステーションデパートがあった。1898（明治31）年に北海道官設鉄道上川線の駅として開業した、長い歴史を有する旭川駅は函館本線の終点であり、さらに宗谷本線、富良野線の起点となっている。◎1991（平成3）年8月　撮影：安田就視

上川平野の中心として栄えた旭川
市、中心部の空撮である。左側を流れ
る忠別川に沿って、国鉄の函館本線
が通り、旭川駅と旭川機関区などが
見える。函館本線はこの旭川駅が終
着駅であり、宗谷本線、富良野線に接
続していた。右奥に流れるのは北海
道を代表する大河、石狩川で流域面
積は全国2位、長さは3位である。駅
前から延びる昭和通りは左に折れて
石狩川を渡ることになるが、その橋
梁は旭橋で1932（昭和7）年に架橋
された旭川のシンボルである。

国鉄の分割民営化が実施された後の1988（昭和63）年11月3日より、急行「宗谷」にキハ40を急行型に改造したキハ400、480
形が投入され、同列車は再び気動車化された。機関、変速機は急勾配区間での高速運転に対応した強力型に換装され、外装や車
内設備も刷新された。◎宗谷本線　1989（平成元）年7月15日

現在、宗谷本線が町中を通る唯一の鉄道となっている名寄には、かつて名寄本線、深名線が接続し、鉄路の重要拠点として栄えた。しかし、塩狩峠以北の地域における中心でありながら、盆地の中にある市を取り巻く気象環境は厳しい。1月の平均気温、2月の平均最低気温は全国の市制を敷く地域の中で最も低い。◎宗谷本線　名寄　1982（昭和57）年3月6日

停止位置表示板が置かれたホームで、単行のキハ22が発車時刻を待っていた。撮影時の美深駅はホーム2面3線。1956（昭和31）年まで森林鉄道が乗り入れ、かつて木材の積み出し基地として栄えた構内には、昭和末期に入っても貨車等を留置する数本の側線が残されていた。◎宗谷本線　美深　1985（昭和60）年6月24日　撮影：堀井敬之

新旭川駅

（写真・文：杉﨑行恭）

世俗に背を向けて建つ
時代遅れの駅の貫禄

　旭川駅から見て、宗谷本線と石北本線で二つ目の駅がこの新旭川だ。つまり石北本線は新旭川駅が起点なのである。そして函館本線の回送線がここまで伸びているので駅は電化路線になっている。駅前から住宅街がひろがっているものの、不夜城のような国道沿いの新市街は駅裏にあり、夜になると駅周辺だけが暗い。初めてこの駅に降り立った時、暗闇にぬっと建つ駅舎の姿に感動した。腰高の壁が急角度の屋根を押し上げ、頭頂部に向かって古びたハシゴが続いている。多分、除雪用の通路だろう。しかも壁のモルタルは何か所も剥げ落ち、傷ついたアイヌの戦士がそこにいるような迫力を感じた。

　新旭川駅の開業は大正11（1922）年のこと。駅舎も開業時のものというが、古い写真を見ると、駅舎正面左手に洋館風事務棟があった。おそらく、無人化にあたって半分に改築されたようだ。さて、なぜここに立派な駅舎が建てられたのだろう。古い地図を見ると駅の正面から西北方向に「新師団道路」が伸びていた。その先には石狩川を隔てて、北の守りを任務とする「北鎮部隊」と呼ばれた陸軍第七師団の駐屯地があった（現在は陸上自衛隊旭川駐屯地）。つまり、新旭川は軍都と呼ばれた旭川の駐屯地の玄関だったのだ。おそらく、帰営時刻が迫った外出兵達は、この駅舎から駐屯地に走ったことだろう。それを知ると、睨みを効かすような駅舎の重厚感も納得できる。新旭川は、まさに北鎮の駅舎だった。

貫禄ある新旭川の駅舎、棟の上から暖炉の煙突が突き出す、以前はこの駅から製紙工場や油槽所への専用線も伸びていた。このためJR北海道。JR貨物の共用駅だが、現在は貨物の発着はない。ホームは2面3線、1番が欠番で2番〜4番線がある。宗谷本線と石北本線の普通列車が停車。観光的には皆無だが、何かを感じさせる駅である。◎2004年5月30日

塩狩駅

有名峠のささやかな木造駅舎
日本文学の聖地として存続

「塩狩峠」は旭川の大作家、三浦綾子のベストセラー小説のタイトルとして知られていた。初めて北海道を旅した時、この有名な峠はすごい難所だろうと思っていたら、あっさりと超えてしまった記憶がある。標高は263メートル、宗谷本線はトンネルひとつなく大森林が続く塩狩峠を越えていた。それでも頂上に信号所を置き、これがやがて駅になった。しかし、この峠は北海道を代表する二つの大河、石狩川と天塩川の分水界をなし、宗谷本線はこれ以北、日本で最も寒い地方を走ることになる。

さて塩狩駅はいかにも元信号場といった風情で残っていた。山中の駅でありながら客扱いより信号要員のいる事務室が大きい独特の構えだ。函館本線仁山駅に似た信号所スタイルと言うべきか。今は無人化されているが、1970年代に旅した時は有人駅で、近隣の森に塩狩温泉があった（今はユースホステルになっているらしい）。そこに泊まった晩、宿に置かれていた「塩狩峠」を読んで明治時代にこの峠で発生した列車分離事故と、殉職した鉄道員がテーマの物語だと知った。低い峠とはいえ鉄道が峠を越えるのは大事業なのである。駅に続く道路際に、実際に殉職した「長野政雄氏殉職の地」碑が建立されている。この塩狩駅も利用者減少による廃止対象駅になり、現在は和寒町の維持管理に移されている。

ホームから一段上がったところにある駅舎は大正時代に信号所として開設、昭和14（1939）年に改築されたもの。相対式2面2線のホームは構内踏切を中心に千鳥式に配置。行き違う列車の先頭を接近させ、通票の交換を楽にする信号場らしい仕組みだ。名寄方面の一番列車は稚内行きの各停、旭川方面は日中12〜16時台が空くので注意したい。◎2001年7月

名寄市街地の空撮で、旭川駅と稚内駅を結ぶ宗谷本線の主要駅であり、遠軽駅に至る名寄本線の分岐点となっていた名寄駅が右下に見えている。名寄駅は1903（明治36）年開業の古参駅で鉄道施設も多く、写真に見えるターンテーブル、扇形機関庫が見える名寄機関区、客貨車区などが存在した。名寄市の現在の人口は約26,000人だが、かつては5万人に近づいた時期もあった。駅前から延びる道路の先には天塩川が流れている。

名寄市
1959年
（昭和34年）

旧型客車の姿を見ることができた頃の宗谷本線。普通列車の一部には、第二次世界大戦前に製造された車両が用いられていた。客室窓の上下を通るウインドウシル、ヘッダーにはリベットが並び、昭和の末期に至っても現役で動き続ける古豪ぶりを誇示していた。二重窓越しにこちらを向く幼女の姿も昭和らしい。
◎宗谷本線　咲来　1982（昭和57）年3月5日

稚内行きの普通列車は、山影が落ち始めた構内で15分程停車した。交換する上り列車は、隣駅の音威子府まで天北線を走って来た札幌行きの急行「天北」。「宗谷」と同じく、稚内を始発とする列車だ。ホームの端では駅員が、寒気をものともしない凛とした立ち姿で、列車の交換を見守っていた。
◎宗谷本線　咲来　1982（昭和57）年3月5日

名寄駅 宗谷本線の駅舎❸

（写真・文：杉﨑行恭）

極寒の大地に風格の駅舎
鉄道の要衝だった歴史を伝える

　道北エリアで名駅舎をひとつ選ぶとなれば、まずこの名寄駅が候補になるだろう。木造平家ながらスケールを感じさせる大屋根と、中折れ屋根のファサードを三つ並べた姿は、かつて鉄道交通の要衝だったターミナルの貫禄を漂わせている。私の名寄駅体験で思い出深いのは平成4（1992）年の2月、深名線の北母子里でマイナス20℃を体験するイベントに参加した後でこの名寄駅に到着した。ホームは1番線を切り欠いた0番線で、乗ってきたキハ40系が全身から湯気を上げていた。その時、すでに暗くなった名寄駅の前に灯されていたアイスキャンドルの群れがとても美しかった。

　この名寄駅は明治36（1903）年開業と古い。現在の駅舎は昭和2（1927）年に改築された二代目駅舎で、当初は屋根のドーマー窓は無かったようだ。その後、長年にわたる使用で現在のような陰影深い造形になった。平成11（1999）年に名寄の自然をイメージして屋根が緑色に塗られたが、近年の改修工事の際に屋根がエンジ、壁がクリーム色という完成時の配色に戻されている。

　すでに名寄駅に接続していた深名線と名寄本線は廃止され、道北では数少ない駅弁屋も平成21（2009）年に廃業してしまった。さらに平成28（2016）年には構内の旅行センターやキオスクも閉店している。しかし駅前には駅舎よりも古い明治時代創業の「三星食堂」は健在。名寄駅と共に、ぜひ訪れたい駅前食堂だ。

その昔は宗谷本線・名寄本線・深名線の分岐駅として機関庫も構える重要駅だった。今でも宗谷本線の中間駅としては屈指の規模だ。しかし平成末期に旅行センターやキオスクも閉店し、駅舎は寂しくなった。名寄市街は駅西側に広がり、日本最北のボーリング場などがある。深名線跡はほぼ消えたが名寄本線跡は駅南方に続いている。◎2009年9月26日

雄信内駅 宗谷本線の駅舎❹

鉄道員の物語を伝える駅舎は
1日1人以下の秘境駅として存続

　平成28（2016）年、JR北海道が「極端にご利用の少ない駅」として廃止対象にしたものの、「宗谷本線に残る国鉄型木造駅舎の希少性」に価値があるとして地元幌延町による維持管理に移ったのがこの雄信内駅だ。いわば駅舎の価値を理由に駅廃止を防いだとも言える措置だが、現在も老朽化は進むのみでその前途は明るくない。私がこの駅を訪ねたのは平成13（2001）年10月のこと。それは同年7月に廃止されたばかりの上雄信内駅（2.2km旭川寄りにあった）を見に行った時のことだ。

　道北の大河、天塩川はこの雄信内～上雄信内駅の間で、まるで線路に突き刺さるような流路となっている。このため路肩崩壊を恐れて大正14（1925）年の旧天塩線開通時から全長152m、15桁が連続する下平陸橋で通過して

いた。しかし、昭和36（1961）年1月26日16時5分に発生した大規模な雪崩で15連の桁が全て落下、猛吹雪の夕刻にもかかわらず雄信内駅の線路班が異変に気づき、雪を掻き分けて発雷信号に点火して接近する下り列車を停止させた。上雄信内駅はまさにその近くにあった。すでに現場は後年山側に掘られたトンネルで通過しているが、下平陸橋は今も道路として残されている。

　さて、木造平家の雄信内駅舎は昭和28（1953）年に改築された二代目駅舎で、玄関部分に三角破風を二重にした北海道の駅舎らしいデザインを残している。昭和30年頃は天塩木材の積み出しで賑わった駅だが、現在は周囲に民家はなく、幌延町はこの駅を「秘境駅」としてさまざまなイベントを行っている。

宗谷本線の列車交換駅でもあり、昭和59（1984）年の無人化以後も信号要員が残されていた。その後電子閉塞化で無人となり、また過疎化で駅周辺は無人になった。駅舎の北側には貨物側線も残されている。駅から見て天塩川の対岸は天塩町となり、郵便局や小学校のある小集落がある。かつてホームだけだった上雄信内駅は跡形もない。◎2001年10月22日

水面に緑の森影を映し出す天塩川。手付かずの木立を隔て、大河の畔を鉄路は直線的に進んで行く。国鉄の分割民営化後、普通列車は馴染み深い国鉄仕様の塗装をまとった従来型気動車から、民営化に当たって用意されたステンレス車体のキハ54に置き替えられていった。◎宗谷本線　音威子府～咲来　2000（平成12）年7月19日

氷結した水面に雪が積もり、雪原の装いとなった天塩川の畔を走る急行「宗谷」。7両編成の前から5両目にグリーン車のキロ26が組み込まれていた。川沿いに出て宗谷路の行程はようやく半分を過ぎたところだ。それでも旅の終点である最北端稚内までは、未だ120km余りの距離がある。◎宗谷本線　音威子府～筬島　1983（昭和58）年1月7日　撮影：堀井敬之

音威子府は現在、人口700人足らずの天塩川沿いにある寒村だが、夜行急行「利尻」が運転されていた時代には上り下り列車が
深夜から未明にかけて停車し、構内灯に照らし出された駅は不夜城の感があった。凍てついたホームには、荷物車に出し入れさ
れる小包等が見られる。◎宗谷本線　音威子府　1982（昭和57）年2月26日

客車の床下から盛大に蒸気が漏れ出していた。客車が列車の主体であった時代。車内の暖房は、引き通した管へ送り込む蒸気で賄われていた。蒸気は牽引機がディーゼル機関車になっても、機関車に搭載した蒸気発生装置でつくり出していた。幻想的な世界がほの暗い駅構内で、日常的に展開した。◎宗谷本線　音威子府　1982（昭和57）年2月24日

名寄市郊外から幌延にかけて、宗谷本線は天塩川と絡みながら北上。筬島地区で川の東岸を通る。筬島駅付近には民家が数軒建ち、対岸の国道と道路橋で連絡する。かつては佐久方へ7.5km進んだ先に神路駅があった。沿線の就農者に向けて開設された駅は1977（昭和52）年に信号場となり、1985（昭和60）年3月14日に廃止された。
◎宗谷本線　音威子府～筬島　1983（昭和58）年1月7日　撮影：堀井敬之

想い出の駅舎❶

1927（昭和2）年に誕生した、この二代目駅舎が現在も使用されている名寄駅。宗谷本線の主要駅のひとつだが、かつては名寄本線、深名線が分岐していた。もともとは1903（明治36）年、北海道官設鉄道天塩線の士別〜名寄間の開業時に終着駅として誕生。名寄機関庫（機関区）が置かれており、鉄道ファンにはおなじみの駅だった。◎1982（昭和57）年6月22日　撮影：安田就視

幌延駅

かつては羽幌線との分岐点だった幌延駅は1925（大正14）年、天塩南線（現・宗谷本線）の駅として開業した。その後、1935（昭和10）年に天塩線（後の羽幌線）が開業したが、この路線は1987（昭和62）年に廃止されている。駅のある天塩郡幌延町は現在の人口は約2200人、町内でトナカイが飼育されていたことで知られる。◎1982（昭和57）年6月21日　撮影：安田就視

現在は1990（平成2）年に改築された、瀟洒な駅舎が旅人を迎えてくれる音威子府駅。駅の開業は1912（大正元）年、当時の宗谷線の恩根内〜音威子府間の延伸に伴うもので、2年後（1914年）に音威子府〜小頓別間が延伸して中間駅になった。その後、天塩線が開業したが、天北線部分が廃止されたことで、現在は宗谷本線のみの駅となっている。
◎1982（昭和57）年6月22日　撮影：安田就視

豊富駅は現在、宗谷本線に編入されている天塩線の駅として、1926（大正15）年に開業している。かつては日曹炭鉱天塩礦業所の専用鉄道が分岐していた。現在の駅の構造は相対式ホーム2面2線を有する地上駅で、無人駅となっている。1966（昭和41）年に竣工したこの駅舎は、今も変わらず使用されている。◎1982（昭和57）年6月21日　撮影：安田就視

兜沼は天塩平野北部に広がる周囲約12km海跡湖。春になると畔で、水芭蕉が花を咲かせる。抜海駅の幌延方より内陸部へ入る宗谷本線は、沼の北畔近くを通る。付近には兜沼駅がある。駅は1986（昭和61）年に無人化されたが、現在もホーム2面2線を備え、列車交換設備を備える。◎宗谷本線　兜沼〜勇知　2002（平成14）年7月17日

民営化後、夜行急行「利尻」の編成を利用した客車から、気動車編成に戻った急行「宗谷」。車両はキハ40を優等列車用へ新たに改造したキハ400、480となった。正面扉に特急用車両等で見られたヘッドサインを収めた窓は設置されず、大振りなヘッドマークを編成の前後に掲出していた。◎宗谷本線　南稚内〜抜海　1990（平成2）年3月21日

積雪期の丘陵地は緩い勾配が続き、ディ　ゼル機関車にとって思いの外、難所となっていた。睫毛が凍り付くほど厳しい寒気の中で、牽引機のDD51は黒い排気煙を燻らせた。1985(昭和60)年より急行「利尻」用客車の間合い運用が始まり、「宗谷」「天北」で青い客車列車が、白昼の宗谷路を行く姿が見られた。◎宗谷本線　南稚内～抜海　1987(昭和62)年3月13日

急行「宗谷」は、1985（昭和60）年3月14日のダイヤ改正より、使用車両をキハ56等の気動車から14系客車に変更した。牽引機は夜行急行「利尻」等と同じDD51形ディーゼル機関車だった。急行「利尻」の編成を昼間にも効率的に使う目的で実現した「間合い運用」だった。◎宗谷本線　南稚内〜抜海　1987（昭和62）年3月11日

数週間振りに巡り合えた快晴無風の朝。丘の向こうには僅かに見える紫紺の日本海。その上に利尻山の麗姿が、くっきりと浮かび上がった。背後からホイッスルが木霊して、旭川行きの普通列車が足元を通過する。山へ向かって進んで行くように見える姿は、あたかも山岳地帯を目指す登山列車のようだ。
◎宗谷本線　抜海〜南稚内　1982(昭和57)年2月27日

真っ白に雪化粧した丘は些細な音を全て吸収し、久々に晴れ渡った朝は無風、音無しの穏やかな空気に包まれた。最北の春はまだ遠いけれども、1か月前よりも少し長くなった日脚は、足元の影を徐々に短くしていく。時計の針が午前8時を回った頃に急行「宗谷」が雪原へ踊り出て来た。◎宗谷本線　抜海〜南稚内　1985（昭和60）年2月26日

営業キロ285.3キロにおよぶ宗谷本線全線を昼間に走破し、旭川〜稚内間を結んでいた急行「礼文」。キハ56等、普通のみ2両の身軽な編成だった。急行「宗谷」が設定された翌年の1961（昭和36）年10月1日より運行を開始し、未だ普通列車が主体であった路線に華を添えた。宗谷本線　抜海〜南稚内　1985（昭和60）年2月27日

日没後の僅かな時間に広がる蒼い空間。丘の向こうには利尻山が、晴天が続いた今日一日の終わりを惜しむかのように麗姿を留めていた。稚内行の列車が眼下を通過。ヘッドライトが構図を通り過ぎるまでカメラのシャッターを開け続けると、フィルム上に光跡が定着された。◎宗谷本線　抜海～南稚内　1985（昭和60）年2月28日

豊富駅 宗谷本線の駅舎⑤

地下資源豊かな土地の
国鉄モダニズムデザインの駅舎

　幾何学模様を取り入れたモダニズム建築が国鉄建築の特徴だった1960年代、その影響は全国の駅にまで及んでいた。宗谷本線豊富駅は昭和41（1966）年に改築されたもので、軽量鉄骨（中空の鋼管を木材の代わりに使う）を使ったプレハブ系の駅舎だった。大きな特徴として天井まで窓を拡大し、壁面をPC（プレキャストコンクリート）、そして内装や屋根に木材を使ってボルトで固定するという、軽くて頑丈な建物だった。

　この駅を訪ねたのは昭和63（1988）年の秋のこと。気候が厳しい天北原野にあって、万事切り詰められた国鉄末期からJR化されて間もない頃。改築後23年を経た豊富駅舎は、かなり痛んだ様子だった。それでも当時は待合室にキオスクがあり、灯油ストーブの周りに人々が集まっていた。特急停車駅だった幌延より利用者は多かった。

　昭和47（1972）年までこの豊富駅には、東方18kmに当時道北最大といわれた日曹炭鉱天塩工業所からの専用線が接続、元国鉄の9600形などが石炭を積み出していた。私はその廃線跡をたどる起点として、豊富駅を訪ねたのだった。今は解体されたがその頃は、9600形が廃線跡の公園に静態保存されていた。ちなみに日曹炭鉱沿線にはこれも日本最北の温泉郷「豊富温泉」がある。余談だがこの温泉は石油掘削の時に湧出したもので、油分を含んだお湯は皮膚病に効くという。この豊富駅舎は、現在は地元の観光情報センターに委託管理されている。

天塩線の駅として大正15（1926）年に開業。この駅舎は二代目で、現在も変わってはいない。改札口に面して上りの1万ホーム、跨線橋を介して下稚内方面の2万ホームがある。特急停車駅だが現在は無人駅、それでも宗谷本線内では有人駅の幌延よりも利用客は多い。豊富温泉や幌延深地層研究センターにはバスで連絡。◎2003年10月

稚内駅 宗谷本線の駅舎❻

思い出深い先代のコンクリート駅舎
最果てを目指したカニ族の古戦場

　稚内駅といえば、改築前のホームにあった「東京駅より1596.1Km」の手作り風看板を思い出す。青春時代より幾度か訪れた稚内駅では毎回この看板に迎えられ、鉄路の北の果てまで来た感動をしみじみ味わった。写真の駅舎は昭和40（1965）年に完成したもので、鉄筋コンクリート2階建ての飾り気のない国鉄建築だった。それでも旅人にとっては、その素っ気なさが嬉しかった。

　利尻・礼文島に渡る船を待つ間、この駅舎2階に簡素な「一般休憩室」があり、そこで出会った旅の先輩に各地での武勇伝を聞いた思い出がある。カニ族ブームの頃は、夏になると「駅頭にまで寝袋で寝る若者たちが溢れた」と、ふじ田食堂のお母さんが話していた。この食堂は駅舎1階にあって、ラーメンから蟹のお弁当まで懐具合に合わせて栄養補給ができる便利な定食屋だった。また玄関脇にある「日本最北端 WAKKANAI STATION」の文字は、旅人が必ず記念撮影をする名所だった。そんな思い出がある稚内駅舎も平成23（2011）年に現在の4代目駅舎に改築され、かつての旅情は失われてしまった。

　今稚内を訪ねるなら、ぜひ北防波堤に足を伸ばしてほしい。ここには昭和20（1945）年まで、樺太（稚泊）連絡船の発着する桟橋に稚内桟橋駅があった場所だ。私が最初に稚内を旅した1970年代にはまだ、稚内駅から特徴的な半円形ドームの北防波堤まで赤錆びた線路が続いていた。この北防波堤は稚内がまだ「日本最北」ではなかった頃の、貴重な遺構である。ちなみに今も東京から稚内までは、すべて鉄道利用で最短14時間11分かかる。

12月になると、夕方4時を過ぎると道北の地はもうすっかり夜の雰囲気に。吹き寄せる風が食堂ののれんをはためかせている。この3代目駅舎は晩年、閑散としていたが昭和59（1984）年以前は貨物扱いもしていたためこのサイズが必要だったのだろう。島式ホームは駅の裏手に並列し、記念入場券は「最北端駅到達証明書」がついていた。◎2007年12月10日

しんしんと降り続ける雪をついて、急行「宗谷」を牽引するDD51が迫りくる。線路に積もった雪を巻き上げる様子が、武骨ないで
立ちの機関車により迫力をまとわせていた。南稚内を出て町外れの踏切を渡ると車窓風景は街から原野へと一変する。北都札幌
を目指す旅は始まったばかりだ。◎宗谷本線　南稚内〜抜海　1987（昭和62）年3月10日

牽引機の前面に大振りなヘッドマークを掲出していた夜行急行「利尻」。絵柄には列車名に因み、日本海に浮かぶ利尻山があしらわれていた。1991 (平成3) 年3月16日より、同列車はキハ400、480形に置き換えられたが、寝台車は従来から使用されてきた14系客車のまま、気動車と併結された。◎宗谷本線　抜海〜南稚内　1990 (平成2) 年3月21日

下り急行「利尻」が足元を通過したのは午前6時過ぎ。稚内の日の出時刻は午前5時34分45秒。丘陵地が陽光に照らし出される
までは、今しばらくの時間が必要だった。それでも、蒼い景色の中を行く夜行列車は荘厳に見え、夜明け前から凍てついた雪の中
で列車を待ったことに満足感を覚えた。◎宗谷本線　抜海〜南稚内　1988（昭和63）年3月21日

蒸気機関車の現役時代より、稚内～旭川間に1往復設定されていた客車
で編成された普通列車は、1980年代に入って使用車両が旧型客車から
50系に置き換わった。従来通りブドウ色荷物車。青色の荷物郵便合造車
スユニ50と合わせて三色使いのカラフルな編成になった。
◎宗谷本線　南稚内～抜海　1985（昭和60）年2月27日

日本海上に浮かぶ利尻島には標高1,721mの利尻山がそびえる。勇壮な山容は、遠く離れた宗谷本線が通る沿岸部から眺めることができる。しかし、海霧等の影響で、列車の背景に秀峰が姿を現す機会は思いのほか少ない。雪景色ともなれば、その撮影はさらに難易度を増す。◎宗谷本線　抜海〜南稚内　1990（平成2）年3月21日

影が長く伸びる積雪の丘陵地を行くキハ54。国鉄の分割民営化を前に、先行きの経営が厳しくなると予想されたJR北海道、四国に向け、経営形態の整備を目的として用意された車両だ。北海道仕様は500番台車。二重窓を備え、長距離運用に対応すべくトイレが設置された。◎宗谷本線　抜海〜南稚内　1987（昭和62）年3月12日

キハ56等の気動車で編成された列車で運転していた急行「宗谷」。1960（昭和35）年7月1日より札幌～稚内間を函館本線・宗谷本線経由で結ぶ準急列車として運転を開始した。当初は札幌～旭川間で、同時期に運転区間を札幌～網走間に延伸した準急（当時）「オホーツク」と併結していた。◎宗谷本線　南稚内～抜海　1985（昭和60）年2月28日

特急列車が設定されていなかった
宗谷本線で、長らく北辺の優等列
車として君臨した急行「宗谷」。末
期は普通車ばかりの6両と、全盛期
の国鉄優等列車に比べて、やや迫
力を欠いた編成だった。稚内方の
先頭車が指定席車。旭川方端部の
自由席車両が禁煙車に指定されて
いた。
◎宗谷本線　抜海〜南稚内
1985（昭和60）年2月27日

雪が高く積もった丘陵地の中に、線路によって描き出された急曲線が、幾重も連なる稚内市の郊外。14系客車で組成された急行「宗谷」の前2両には寝台車が連結され、朝の斜光に照らし出された姿には、夜行列車の印象が重なる。数時間前まで、同じ編成が漆黒の鉄路を走り抜けていたのだ。◎宗谷本線　南稚内〜抜海　1988（昭和63）年3月22日

2011（平成23）年に現在の四代目駅舎にバトンタッチされた稚内駅だが、これは1965（昭和40）年から使われていた三代目駅舎である。樺太航路の起点だった稚内には1922（大正11）年に宗谷本線が延伸して、初代稚内駅（現・南稚内駅）が開業。その後、1928（昭和3）年に稚内港駅（現・稚内駅）まで延伸して、二代目となる現・稚内が誕生した歴史がある。
◎1982（昭和57）年6月21日　撮影：安田就視

稚内市

宗谷海峡に臨む稚内市で、この先には現在、ロシア領となっているサハリン（樺太）がある。戦前には、南樺太は日本領であり、稚内駅、稚内港から樺太の大泊港を結ぶ稚泊連絡船が運航されていた。この写真でも長く伸びる桟橋、港湾施設が確認できる。稚内市の現在の人口は約32,000人だが、かつて5万人を超えた時期もあった。丘の上に見えるのは稚内公園で、5月にはサクラが咲いて花見の名所となる。この後、遊園地もできるが、現在は存在しない。

『新名寄市史』に登場する宗谷本線

北海道鉄道敷設法による予定線

　明治36（1903）年9月3日、鉄道「天塩線」の士別〜名寄間開業の日、開業祝賀会出席者などを乗せた臨時列車が、午前7時34分旭川を出発して名寄に向かった。

　この臨時列車で名寄駅に降りたのは93名であった。駅前は、日の丸の旗を交差し、角燈を吊るし、余興用の土俵まで設けた歓迎ぶりで、多くの人が迎えに出た。一日千秋の思いで待ち望んだ鉄道到着への喜びが表れている。「天塩線」は、現宗谷本線の一部、旭川〜名寄間で、全線開通したのは、道内初の幌内線手宮〜札幌間が営業運転を開始した明治13年から23年後のことである。

　道内の鉄道事業は、当初、政府から払い下げを受けた民営で始まったが、明治29年からは道庁に「臨時北海道鉄道敷設部」、30年には「北海道鉄道部」が置かれ、鉄道の敷設・運営が行われていた。40年には国有鉄道に引き継がれてから、所属は鉄道庁、鉄道院、鉄道省と替わっていった。

　開拓使長官黒田清隆は、明治12年の幌内鉄道起工の際から、将来これを延長して全道に鉄道を建設する構想を持っていた。北海道における鉄道は、炭鉱鉄道から始まり、石炭、木材、農産物などの運搬、開拓移住者の輸送など、拓殖推進に欠かせないものとして、次第に必要性が認識され、鉄道敷設の計画が立てられていった。明治25年の「鉄道敷設法」では、「北海道線（殖民鉄道）」の項目全体が、調査不十分として削除されたが、新たに「北海道鉄道敷設法」として、明治29年5月14日に公布された。この間、同26年に道庁がまとめた『北海道鉄道予定幹線略図』、『北海道鉄道予定幹線略図解』では、「天塩線」や「名寄線」を含む4線が次のように示され、名寄が「奈伊太」の名称で分岐点として挙げられている。

（1）小樽〜函館間（146マイル）小樽、稲穂峠、長万部、森、函館港経由
（2）空知太〜厚岸〜網走間（339.5マイル）空知太、旭川、十勝太、釧路、厚岸、標茶、網走経由
（3）旭川〜宗谷間（180マイル）旭川、ケヌブチ（剣淵）、奈伊太、天塩、宗谷経由
（4）奈伊太〜網走間（167マイル）奈伊太、興部、湧別、網走経由

（『北海道鉄道百年史 上』）

　「北海道鉄道敷設法」の第2条には、北海道予定鉄道線路として6線が挙げられているが、その中にも「石狩国旭川ヨリ北見国宗谷ニ至ル鉄道」「天塩国奈与呂ヨリ北見国網走ニ至ル鉄道」の2線が含まれている。この後の調査の結果、「北海道官設鉄道調書」が作成されたが、この中で「旭川ヨリ宗谷ニ至ル鉄道」は、30年度から継続事業として敷設工事に入る第1期鉄道の1つであり、「奈与呂ヨリ興部ニ至ル

鉄道」の方は、次いで起工する第2期鉄道になっていた。

名寄までの開通

　「天塩線」は、明治30（1897）年6月、旭川から北に向かって工事が始まった。全体を旭川〜蘭留間、蘭留〜士別間、士別〜名寄間の3区間に分け、士別までは33年12月に開業した。名寄〜士別間の工事は35年度から始まる。多寄、風連、名寄の3カ所の停車場建築は、4月下旬から着手し9月中旬に完成した。また、土木工事、橋梁、伏樋工事は、5月から10月にかけて、士別川橋梁も11月下旬にそれぞれ完成。36年にはレールの敷設、砂利散布が行われた。名寄停車場においては、客車庫、機関車庫、転車台工事なども行われ、営業開始の準備が整った。開駅の際、構内には名寄機関庫が設置され、名寄保線区、乗務員詰所も置かれた。

　鉄道工事は、土工夫たちによって進められた。その仕事はきつく、粗末な身繕いで監督に怒鳴られながら働く姿が、工事現場周辺の人々の中に、恐ろしい印象を残したことも少なくなかった。

　36年9月3日、「天塩線」全区間が開通し、名寄駅に汽車が入ってきた。名寄〜旭川間の列車は、当初1日2便であったが、開業の日は臨時列車も運行された。大通2丁目の祝賀会場に100名余りの出席者が集まり、祝賀会が開かれた。園遊会を催し、相撲、餅まき、熊送りと、開村以来のにぎやかさであったという。

北に向かって

　名寄までの「天塩線」が開通した後、日露戦争の勃発による財政上の理由から、また、深川〜留萌間、池田〜網走間の建設を優先させるため、その先の延長工事は中断された。地元ではこれを遺憾として、建設促進の請願書を明治39（1906）年に貴族院に、40年には貴・衆両院に提出した。さらにその後も建議案が41年（浅羽靖議員ほか）、42年（東武議員ほか）と、衆議院に提出、可決され、鉄道院は42年9月になって、天塩線を延長し名寄〜稚内間の鉄道建設に着手することにした。

　明治42年9月、まず名寄〜智恵文間の工事が始まり、43年4月には智恵文〜智根内間、44年4月には恩根内〜音威子府間と、建設工事は年ごとに北へ向かった。線路は名寄川を渡り、天塩川の右岸に沿って美深原野に入り、音威子府に至るため、切り立った崖の箇所では、大きな土木工事が必要だったが、その他は平坦であった。44年11月3日に智恵文、美深、紋穂内、恩根内停車場まで開業、大正元（1912）年11月5日には咲来を経て音威子府まで到達した。名寄までの開業から10年が経っていた。名寄機関庫には明治45年3月1日現在で3両の蒸気機関車が配置されていた。

　名寄川に架かる鉄橋工事については、現場であった日進地区の『日進風雪七十年』にその様子が書かれている。こ

れによると、主な仕事は、請負師が東京や大阪から連れてきた労働者を使って行われたが、地元住民も1日80銭の日当で働いた。当時は、建設機械などなく、モッコやトロッコで枕木や砂利を運んで、ほとんどが手作業だった。中でも「チェーンブロック」という機械が珍しかったという。労働者が寝泊まりする土工部屋が日進に5ヵ所あり、常に棒頭が見張り、逃げ出す者がいないか監視していた。労働者たちは、シャツに股引程度の姿で、食物も十分に与えられず、栄養失調や脚気で働けなくなる者もいた。こうして死んだ人を葬るためにできたのが日進の墓地ともいわれている。

天塩線か宗谷線か

名寄～稚内間のうち、音威子府以北については、着工間際になって2つの経路が比較検討された。1つは、天塩川の右岸に沿ってそのまま進み、サロベツ原野を経て日本海岸に出て稚内に至る線、もう一方は上音威子府から北見国頓別原野に出て、オホーツク海岸を北上して稚内に至る線である。検討の結果、天塩川には水運の便があるが、オホーツク海岸へは効果的な輸送手段を欠いているので、まず、この地域に鉄道を建設することが必要ということで、後者に決まったとされている。

しかし、実際には前者の天塩線（現宗谷本線）の沿線には、多くの御料小作人、単独移住民が住んでいたのに対し、後者の宗谷線（のちの天北線）には、移住民が少なく、代議士や大会社の未開牧場だけで、鉄道の必要はむしろ天塩線にあった。そのため、「北海道鉄道敷設法」においても、2つの線のうち中川を経由する天塩線が既定線として確定されており、オホーツク沿いの宗谷線は比較線としてのちに上ってきたものだった。

稚内までの第1の鉄道線路に、既定線を覆しオホーツク沿いの線が選ばれたのには、音威子府からの工事上の難所を避けようとした経緯があったようである。

宗谷線の音威子府以北は、明治45（1912）年5月に起工し、天塩・北見の国境に天北トンネルを掘って、頓別川の流域を下ってオホーツク海岸に出、大正11年11月1日に稚内まで開通した。

一方、急な路線変更で期待の鉄道が通らなかった天塩村、遠別村、幌延村、沙流村（現豊富町）、中川村の5ヵ村は、死活問題であるとして請願運動を展開した。

ほかにも、中川村御料地に小作人として入植した人々が宮内大臣に請願書を出していたが、比較線に決定と聞き、絶望した30名が宗谷線沿いに移住してしまった。宮内省でも上京した御料小作人代表に同情し、鉄道院に働きかけている。幌延でも天塩線の敷設を叫び続けた山田権左エ門らが、明治45年2月、鉄道院総裁原敬に陳情した。

こうして、1度は宗谷線に敗れた天塩線の延長工事は、大正5年に音威子府～誉平間から着工した。この区間の完成は11年。32キロの工事に7ヵ年も費やした。例のないほどの難工事でもあったが、重視されず、放置されたという一面もある。稚内までのうち、最後に残った幌延～兜沼

間の開通により全線開通したのは、大正15年9月25日であった。

完成した天塩線は音威子府から稚内まで128.4キロで、オホーツク回りの宗谷線（音威子府～稚内間150キロ）より、21.6キロ短縮されており、昭和5年には天塩線を「宗谷本線」と改称し、従来の宗谷線は「北見線」と呼ばれるようになった。「北見線」は、昭和36年にはさらに「天北線」と改称される。

この間、大正13年6月1日には智東駅が開業した。名寄、智恵文両駅のほぼ中間に位置し、旅客、貨物の取り扱いを行った。

ラッセルとロータリー

天塩線の開通以来、道北にも鉄道が延びてきたものの、冬期間の雪との闘いが大変なものであった。排雪車としては明治13（1880）年12月に手宮工場で製造された木造鉄板張りの雪かき車が、その後改良されて道内に10台あったが、その能力は低く、多くは人力による除雪であった。

明治43年にアメリカから単線用ラッセルが輸入され、それをモデルにして同45年に7両のラッセルが札幌工場（現苗穂工場）で造られた。大正2年には9両となり、先の排雪車に代わって活躍するようになる。そのうちの1両が、大正3年に名寄機関庫に配備された（「小樽新聞」大正3年12月6日付）。

ラッセルだけでは除雪できない場合も多く、12キロ余りを10時間もかけて除雪するなど、今日では想像もできない雪との闘いがあった。

大正12（1923）年12月にアメリカから回転式雪かき車（ロータリー）2台を輸入し、うち1台を名寄に配備した。当初の試運転では成績は思わしくなかった。しかし翌年3月下旬、宗谷線（のち天北線）幕別～声問間で立往生した列車を救出して、その威力が注目された。

しかし、同14年1月「何分にも機械が複雑なため運転不能で活躍の時期を控へて空しくして」いたが、11日、アメリカの技師が名寄に来て、試運転をしたという。積雪8尺（2メートル42センチ）長さ950尺（288メートル）の箇所を約1時間半で突破、ラッセルの遠く及ぶところでないと伝えている（「旭川新聞」大正14年1月14日付）。ロータリーを十分に使いこなす技術が、まだなかったのかもしれない。

昭和2（1927）年には、ジョルダン式雪かき車が導入され、我が国初の試運転が、1月18日に名寄～音威子府間で行われた（「旭川新聞」昭和2年1月20日付）。この雪かき車は広幅式雪かき車といって、幅7メートルまで除雪できる主翼を両側に持っている。また前頭に上下できる延すき（鋤）、両側に前すきがついている。ラッセルの通った後の崩れかかる雪を線路外に押しやるために使われるほか、駅構内などで幅広く雪を押しのける場合に用いられる。

また、マックレー式と呼ばれるかき寄せ雪かき車は、昭和3年に製作され、キマロキ編成（機関車・マックレー式・ロータリー式・機関車）の排雪用列車が可能になった。同

年にはラッセル式も鋼鉄製のものが製作され始めた（『キマロキ百話』）。

昭和15年、名寄保線事務所には鉄製のラッセル9台、ロータリー2台をはじめ計19台の排雪車が配備され、除排雪の態勢は大正・昭和初期とは比べものにならないほどに整ったのである。

名寄管理部の設置

終戦による稚内〜大泊間航路の途絶により、札幌鉄道局稚内管理部は昭和21（1946）年4月1日、道北各線の管理上条件の良い名寄町に移転し、名寄管理部となった。稚内管理部は、戦時下の昭和17年、機構簡素化のため、名寄保線事務所が稚内運輸事務所に統合したものであった。名寄管理部の事務所は、旧名寄保線事務所を増築改修して充てた。これにより、名寄は再び道北の国鉄運輸の拠点となり、人や機関の配置が相次いで、活気づくようになる。21年9月に名寄建築工事区が設置され、22年には名寄電務区、名寄鉄道公安所ができた。23年には稚内電力区が名寄に移転し、名寄電力区として発足した。

戦時下における鉄道は、男子鉄道員の採用が難しくなったことから非現業部門はもちろん、現業部門にも女子従業員を配置するなど、極端な人出不足に陥っており、車両も酷使されていた。現業部門に隊、管理部に部隊という名称の組織を置いた軍隊的組織や、軍輸送重点の戦時体制は終戦とともに解かれたが、今度は復員や引き揚げ、疎開者の帰郷、買い出しなどで人々の大移動が始まった。燃料不足も加わって十分な運行の確保ができない中、これらが鉄道に殺到したため、各地で大混乱が起きていた。名寄管理部は、道北各線の輸送確保に全力を注ぐことになる。

それでも、各駅には輸送しきれない貨物が残り、滞貨として業者を悩ませたほか、戦後の物資不足に拍車をかけていた。24年6月1日「日本国有鉄道法」が施行され、国鉄は公共企業体となった。専売公社とともに、占領軍が民主化政策の一環として指示したものである。この時、名寄管理部は、深名線の北母子里〜名寄間、宗谷本線の和寒〜稚内間、北見線、天塩線、名寄本線名寄〜上興部間、興浜北線、稚内大泊港航路（25年1月まで）を所管していた。

名寄駅は24年2月に増改築を行い、9月には、列車運転、構内操業を専掌する「構内駅」を分離した。従来の駅はもっぱら旅客、貨物の取り扱いを担当するようになった。

しかし、24年9月20日、大幅な組織改正が行われた。公共企業体としての能率的な運営のため、管理部を廃止して鉄道局と現場を直結すること、職能的な縦割組織を採用すること、が主な改正点であった。道内の管理部はすべて廃止され、札幌、釧路、旭川の3鉄道局に集約された。旭川鉄道局に統合されたのは旧旭川、名寄、北見の3管理部であった。鉄道局は25年1月に鉄道管理局と改称され、名寄には地方営業所が置かれた。

ディーゼルカーの登場

蒸気機関車に代わり、ディーゼル機関車や気動車が、道内で本格的に動き出すのは戦後のことである。ディーゼル機関車は、昭和7（1932）年に札幌機関区に入れ換え用として配置されたのが道内最初であったが、23年で廃車になった。新たに29年、室蘭機関区に配置され、30年代後半からは非電化区間の動力近代化施策として急増し、除雪用にも威力を発揮するようになる。

気動車は、蒸気動車と内燃動車（ガソリン動車、ディーゼル動車）に区分されていた。内燃式車両は、昭和9年にガソリン式のものが室蘭〜東室蘭間の運転を始めるが、12年以降燃料統制のため休車していた。蒸気動車は昭和10年5月から名寄本線中湧別〜下湧別間で運転されたことがあったが、12年10月には、郡山機関区に貸し出された。昭和24年以降、気動車はディーゼル式が基本となる。量産され、ディーゼルカーと呼ばれた。30年代には自動車用ディーゼル機関を利用し、経費を節約して主に単独運転するレールバスも、地方線に多く配置された。

28年頃から名寄でもディーゼルカーの配車運動が起こる。28年5月7日、「週刊名寄タイムス」主催の促進座談会が開かれたのを機に近隣町村の署名を集め、13日旭川鉄道管理局長に、町長、町議会議長、商工会議所会頭名で陳情書を提出した。

旭川鉄道管理局には、30年8月20日、レールバス8両が配置され、3両が深名線の深川〜名寄間を運行したのをはじめ、同年12月1日には、最初のディーゼルカー5両が入って、宗谷本線、北見線（天北線）、天塩線（羽幌線）で運行を開始した。宗谷本線の旭川〜稚内間は2両1往復の運行で、音威子府以北は、宗谷本線回り、北見線回り各1両がそれぞれ稚内に向かう形であった。11月末には、小中学生、報道関係者などを対象にした試乗会も行われた。

同年12月25日からは、名寄本線の一部遠軽〜紋別間でレールバスが運行されるが、46人乗りであったため、朝夕のラッシュ時には大混雑となり、乗りこぼれが心配されたばかりか、昼間でも利用が増えて混雑したという。

道北一帯に本格的な気動車の運行が始まるのは昭和31年である。30年度には、旭川鉄道管理局に計16両のディーゼルカーが導入されることになっていた。31年2月、この全車両が揃ったのを受けて、宗谷本線の場合、1日10往復のうち6往復をディーゼルカーに切り替える計画となった。大幅なダイヤ改正を伴った道北各線の気動車運行は、2月26日に実施された。名寄本線のレールバスも名寄〜一ノ橋間で増配された。こうして宗谷本線にはディーゼルカー、名寄本線と深名線にはレールバスが走る、気動車時代を迎えた。

運行初日の2月26日、名寄駅の乗降客は6438人、3月5日までの5日間の平均では6723人と、前年同期の20〜30%増となった。

気動車は、蒸気機関車よりスピードが速く、停車もスムーズであるため、運行本数や停留所の数を増やすことが可能

になった。日進乗降所は、30年11月、地元の要望が実って設置された。手すりの鉄材は鉄道から提供されたが、床板の木材と作業は住民が引き受けて乗降所を造ったという。待合室は住民が町と名寄農協から援助を受けて31年４月に完成させた。敷地は長尾安吉の寄付であった。34年11月１日、日進、北星がともに無人ながら駅に昇格した。これによって幅２メートル、延長20メートルのコンクリートホームが造られた。また、駅名が地図に載り、運賃も安くなるという利点を生んだ。国鉄運賃は駅から駅までで定められており、乗降所で降りる場合、次の駅までの運賃を払わなければならなかったのである。36年12月、智北にも乗降所が設けられた。

また、これまで客車と貨車を混合編成して運行していたが、両者が分離運行されることになり、貨物の積み下ろしのために必要だった停車時間も短縮された。この時期、国鉄の貨物の取扱量は停滞するが、乗客数は大きな伸びを見せる。ただし、大きな荷物の持ち込みが制限されたり、企業の出張日程が日帰りに短縮されるなどの変化が見られ、駅での立ち売り販売も痛手を受けた。また、降雪量の多い深名線では冬期間のレールバス運行が難しく、31年２月には、度々蒸気機関車に切り替える事態を起こした。

スピードアップ

昭和35（1960）年頃から、近距離についてはバスを利用する人が多くなってきた。そのため名寄駅乗客数は頭打ちになったが、運賃改正や急行券の売上増加により、収入は伸びていった。

35年７月１日から、旭川〜稚内間に臨時準急気動車「宗谷」が運行された。さらに36年10月１日から旭川〜稚内間に初のディーゼル急行「宗谷」「天北」の運転が開始された。これによって、普通列車なら名寄から旭川まで２時間以上かかっていたのが、急行「宗谷」の場合、１時間15分で到着できることになった。

稚内〜札幌間の急行運行に関しては、名寄、士別、稚内の宗谷本線沿線３市が共同で運動を続けていた。この結果、鉄道債の引き受けによる運行にめどを得て、予算措置をした。名寄市では36年８月14日の臨時市議会に提案・議決している。引き受け債券は、１市当たり額面1000万円（発行価格100円につき99円50銭で995万円）となっていた。こうして同年10月のダイヤ改正に合わせて、それまでの準急２本のほかに急行２本が増設されることになり、名寄〜札幌間のスピードアップが図られた。37年１月の名寄駅旅客収入は約1110万円であるが、そのうち急行券が約100万円であった。前年同期が９万3000円であるから、10倍の伸びを示していた。

名寄本線にも37年５月から急行「紋別」が運行された。それまで紋別地方と札幌の直通便がなかったのを解消するため、遠軽〜札幌間（紋別、名寄経由）を走り、沿線住民が待望していた札幌への日帰り旅行ができるようになった。

40年10月のダイヤ改正時には、急行「なよろ」が新設された。初の郷土名をつけた名寄〜札幌間（旭川〜札幌間は急行「大雪」に連結）の急行である。上りは、名寄駅始発なので、名寄からの乗車でも楽に座席の確保ができる点でも喜ばれた。出発式は、10月１日午後６時から名寄駅２番ホームで、関係者200人が出席し盛大に行われた。花火が打ち上げられ、挨拶、祝辞の後、運転士らに花束が贈られ、車掌に札幌市長へのメッセージが託された。自衛隊名寄駐屯地音楽隊が「新幹線マーチ」を演奏する中、松浦周太郎代議士、池田幸太郎名寄市長が紅白のテープにはさみを入れ、６時20分、急行「なよろ」は、市民の祝福を受けながら札幌に向かった。運転開始１週間の急行「なよろ」名寄駅乗降客は、乗客が１日平均55人、降客が同45人であった。

深名線
しんめいせん

雨竜川が生み出した谷間が、細長い盆地をかたちづくる上幌加内駅の周辺。作付面積、収量共に日本一を誇る蕎麦を始めとした農業が盛んな地域だ。酪農も主力産業の一つであり、夏に訪れた際は、牛等の飼料に供される干し草が、ロール状にまとめられた姿で沿線を飾っていた。◎深名線　上幌加内～政和　1995（平成7）年7月20日　撮影：堀井敬之

周囲に農耕地が広がる政和駅を出た深川行きの列車は、政和温泉駅（1990年廃止）を過ぎて雨竜川の東岸を走り、色付いた木々が車窓を飾る林の中へ入る。狭小な川の畔には鉄橋が架かっていた。人気のない細道で一両きりの旅を続ける気動車は、機関音を響かせながら、再び森影へ姿を消した。◎深名線　上幌加内〜政和　1994（平成6）年10月15日　　撮影：堀井敬之

白樺の木立が目を引く林を抜けて来た単行の気動車は、中央部が上部トラス構造の橋梁で雨竜川を渡る。この第三雨竜川橋梁は1990（平成2）年まで営業していた雨煙別（臨）〜政和温泉（臨）間に架かる。路線の廃止後、旧政和温泉駅近くの国道沿いに、入浴施設を併設した「道の駅森と湖の里ほろかない」が開業した。
◎深名線　上幌加内〜政和　1993（平成5）年4月30日　撮影：堀井敬之

函館本線の深川駅から北へ延び、蕎麦の栽培で知られた幌加内を経由。朱鞠内湖の畔を抜けて、名寄盆地の中心地である名寄まで延びていた深名線。沿線は日本海からの北風が吹き寄せる豪雪地帯が続いた。4月の末といえども、線路の周辺は道床こそ見えているものの、未だ雪に閉ざされていた。◎深名線　政和〜添牛内　1993（平成5）年4月30日　撮影：堀井敬之

国鉄時代の末期。沿線に急勾配区間を抱える閑散路線に向けて、二機関搭載車のキハ56を両運転台仕様に改造したキハ53形500番台車が投入された。線路周りの雪壁は日に日に低くなり始めたとはいえ、未だ雪に閉ざされた険路を、単行気動車は僅かに機関音を唸らせて走り去った。◎深名線　新富〜政和　1990（平成2）年3月22日

平成の世に入ると、国鉄の分割民営化後も生き残った閑散路線も廃止が取りざたされるようになった。それに伴い、路線の存続、あるいは惜別の意味合いを以て、お座敷列車等を用いた臨時列車が運転された。「くつろぎ」の愛称版を掲出したキロ29は、国鉄時代にキハ27を改造して誕生した道内初のお座敷車両だった。
◎深名線　深名線　朱鞠内　1993（平成5）年7月27日　撮影：堀井敬之

人造湖である朱鞠内湖の南畔付近に開設された朱鞠内駅。深名線では列車運転におけるハブのような存在であり、路線の最末期まで列車交換施設を備えていた。かつてはダム工事の資材輸送、周辺から切り出される木材の輸送拠点でもあり、画面左手の草木に蔽われた空き地には、多くの側線が敷設されていた。◎深名線　朱鞠内　1995（平成7）年7月20日　撮影：堀井敬之

深川と名寄、両方向からの列車が折り返す朱鞠内では、列車が到着すると閉塞作業を行う駅員が、タブレットキャリアを肩から下げて駅舎とホームの間を行き交う。閉塞は深川〜朱鞠内間がタブレット。朱鞠内〜名寄間が票券を用いて行われ、いずれも路線の廃止時まで継続された。◎深名線　朱鞠内　1993（平成5）年7月27日　撮影：堀井敬之

明治時代から和人の入植が始まった朱鞠内界隈は、発電用の雨竜第一ダム、朱鞠内湖の建設、造成事業が昭和期に入って実施され、開発が本格化した。しかし、沿線には原生林が今なお多く残る。例年10月の声を聞くと、車窓は鮮やかな黄色をまとった落葉樹の紅葉で彩られる。◎深名線　朱鞠内～湖畔　1994（平成6）年10月15日　撮影：堀井敬之

路線の両端駅である深川、名寄駅発の列車は、ともに途中駅の朱鞠内止まりであった。深川から運転される列車は1日5往復で、名寄からの列車は4往復。そのうち、日中に両列車が当駅で顔を合わせる機会は2回だった。折り返し列車は、いずれも名寄行きが若干早く発車した。◎深名線　朱鞠内　1995（平成7）年7月20日　撮影：堀井敬之

想い出の駅舎❷

深名線の駅として、1995（平成7）年まで営業していた添牛内駅。深川〜名寄間を結んでいた深名線は当初、雨龍線として1924（大正13）年に開業し、幌加内線、名雨線を経て、1941（昭和16）年に深名線に変わっている。1931（昭和6）年に開業したこの添牛内駅は、駅の廃止後、住民が倉庫として使用してきた。◎1961（昭和36）年5月29日　撮影：荻原二郎

深名線にあった朱鞠内駅は、この線が幌加内線と呼ばれていた1932（昭和7）年、添牛内〜朱鞠内間の延伸時に開業している。かつては川上林業の軽便軌道が分岐していたこともあった。この古い駅舎は1964（昭和39）年の火災で焼失し、すぐに新しい駅舎が再建されたが、1995（平成7）年の深名線の廃止により駅も姿を消した。◎1961（昭和36）年5月29日　撮影：荻原二郎

美深駅

宗谷本線の主要駅のひとつ、中川郡美深町にある美深駅。この駅舎に代わって、1987(昭和62)年に美深町交通ターミナルとなる現駅舎が誕生し、現在は美深町観光協会、観光案内所が入居し、美幸線資料室が設けられている。1964(昭和39)年に開通した美幸線は1985(昭和60)年に廃止され、短命に終わった路線だった。
◎1981(昭和56)年6月24日
撮影：安田就視

東京オリンピックが開催されるわずか5日前、1964(昭和39)年の10月5日に開業したのが美幸線の仁宇布駅である。1966(昭和41)年に駅舎が火災で焼失し、翌年(1967年)に新駅舎が建てられていた。しかし、1985(昭和60)年の美幸線の廃止に伴い、駅も廃止された。駅舎は現在、トロッコ王国美深の施設となっている。
◎1974(昭和49)年2月3日
撮影：安田就視

美幸線
びこうせん

最後に除雪作業が行われてから幾日が経過したのだろう。ホームより先に続く線路の終端部は雪で覆われ、両側の雪庇は丸く盛り上がっていた。それに対して二条の輝くレールがある本線は鉄道が生きている証だ。ホームでは駅員が直立不動で、到着する列車を出迎えていた。◎美幸線　仁宇布　1985（昭和60）年1月4日

総延長距離21.2kmのうち、14.9kmを占めていた辺渓～仁宇布間。道道とともにペンケ仁宇布川を遡る道程は、ほとんどが人煙まれな森林地帯の中にあった。列車がひたすら木々の間を突き進む様は路線が名称の通り、山を越えて枝幸町に至る建設当初の計画を指示しているかのようであった。◎美幸線　辺渓～仁宇布　1985（昭和60）年1月4日

日照時間が最も短い時期故、道北地方の夜は足早に訪れた。午後4時台に仁宇布を折り返す列車の周囲は僅かな停車時間のうちに、見る見る夕闇に包まれていった。年を跨いで今冬一番の寒気に包まれる中、雪に埋もれた駅舎の軒下からは、氷柱が垂れ下がり、より寒々と感じさせる景色を描き出す。◎美幸線　仁宇布　1985（昭和60）年1月1日　撮影：堀井 敬之

雪明りが夕闇の中に、短いホームと待合室があるばかりの無人駅を神々しく浮かび上がらせた。辺渓(ペンケ)は起点の美深駅から東へ6.3km離れた美幸線で二つ目の駅。近辺に美深町と雄武町を結ぶ道道が通るものの、民家は駅を遠巻きにするように、数件が点在するのみであった。◎美幸線　辺渓　1985(昭和60)年1月1日

美幸線の列車は一日4往復の運転。そのうち朝の便を除く3往復は、終点駅に着くと6分間の停車で、そそくさと美深に向かって折り返す。日中の列車には乗客がいないことも少なくなかった。それでも駅員はホームへ列車に敬礼する。合理化ままならない当時の国鉄らしい、微笑ましくも虚しい眺めだった。◎美幸線　仁宇布　1985（昭和60）年6月24日　撮影：堀井敬之

広いホームと厚い道床は、新規に開業した第三セクター鉄道のようだ。東海道新幹線の開業から約1週間後の1964（昭和39）年10月7日。美深～仁宇布間は美幸線として開業した。その後国鉄は膨大な赤字を抱えるが、当時は東京オリンピックが開催され、日本は未だ好景気に沸き立っていた。◎美幸線　仁宇布　1985（昭和60）年6月24日　撮影：堀井敬之

『美深町史』に登場する美幸線

美幸線の工事着工

昭和32（1957）年7月4日、「美幸線着工記念式典」が挙行された。

美深駅構内に設けられた祭だんに拝礼して、神官から「白木のツチ」を受け取り、『美幸線着工起点』の杭を打ち込んだ西尾町長は"全身が感激でふるえ、涙がとまらなかった"と、当時の心境を語っている。

町を挙げて祝った行事の様子は新聞・ラジオ・テレビによって全道に報道されたが、式典に参加できなかった町民には「町のたより」特集号によって詳しく知らされた。

「町のたより」特集号の一節は抜すいであって、抗打式と旗行列ならびに祝賀会や提灯行列の様子をひろったものであるが、この文章の中から町を挙げて祝った美幸線着工の喜びを知ることができる。また、この式典を機に「美幸線着工を祝う歌」もつくられ、旗行列に参加した児童たちによって歌われた。

工事着工に伴う最初の仕事は、「路線測量」であった。昭和32年8月1日、国鉄札幌工事局から清野隊長以下8名の測量隊が到着、直ちに美深〜仁宇布間の測量が開始された。この測量は9月16日まで続けられたが、さらに第2次測量が10月13日から同年12月10日まで実施された。

測量終了によって路線も決定、用地買収の作業も進められることになったが、同32年4月28日に、当該地域（仁宇布・辺渓・東・敷島）の土地所有者や世話人による「美幸線協力会」を結成して、用地提供者との協議が進められていたので、他の新線建設に見られたような地主とのトラブルもなく買収折衝は進められた。

さらに翌33年には建設工事が着手されることになり、7月30日、美深〜仁宇布間（第1工区）の「起工式典」が開催された。

この「起工鍬入式」は、前年の着工式と同様、美深駅構内の「美幸線起点」に設けられた式場で、西尾美幸線敷設促進期成会会長が、真新しい鎌で刈り取りの儀を終え、続いて益谷前衆議院議長が白木柄の鍬で力強く鍬入れをおこない、さらに運輸大臣代理八木国有鉄道部長・国鉄総裁代理大石常務理事・国鉄建設局長代理原口建設線課長・国鉄当銀支社長代理・国鉄坂本工事局長・国鉄金谷旭川管理局長・松浦衆議院議員・高田枝幸町長・山川歌登村長も鍬入れの儀をおこなった。鍬入れの式を終えた一行は美深中学校体育館に設けられた祝賀会場へと向い、会場に集まった来賓および関係者350余名とともに、起工の喜びと工事の無事故を祈り、さらに全線開通の早期実現を願った。

昭和34年8月20日には「札幌工事局美深工事区」も開設され、美深〜仁宇布間の本格的建設作業がはじめられた。

一方、枝幸・歌登側の現況測量は35年9月におこなわれ、翌36年12月28日には、美幸線の「全線着工認可」が運輸省から国鉄に出されたので、37年6月17日には枝幸駅構内で「起工杭打式」、さらに40年11月1日には「北工区起工式」を挙行した。

明治・大正時代の鉄道工事と異なり、大型の建設機械を導入しておこなわれる現代の路盤工事は、2〜3年で完成することも可能であろうが、美深〜仁宇布（21.4キロメートル）の総工事費8億4,800万円は、新線建設費という枠の中で年度ごとに配分され、工事は区間を切って進められた。5年有余の歳月を経て開業の運びとなったわけであるが、工事担当者の努力と、予算獲得に苦労した関係者の活躍は高く評価できる。

美深〜仁宇布間の開業

昭和39（1964）年は開業の年ということで建設工事は急ピッチに進められた。軌条の敷設、東美深・辺渓駅のホームや待合室づくり、仁宇布駅舎など、全工事の総仕上げに拍車がかけられた。

開通式に先だって、DD14型ディーゼル機関車に客車、緩急車各1輌と原木を満載した貨車など合計8輌編成の試運転列車は、国鉄技術陣や鉄道建設公団、工事請負業者など各部門の関係者100余名を乗せて、午前9時44分美深駅2番線から新設の美幸線に乗り入れた。

この試運転列車は、路盤の状況・列車の振動・スピードコントロールなど各種のテストをおこない、その結果は上々であったと記録されている。

昭和39年10月5日、この日は美幸線の開通（美深〜仁宇布間）を祝うため、大歓迎アーチ・クス玉・横断幕・万国旗などで街中が飾られ、全町奉祝の一色につつまれていた。

午前8時20分、五段雷の花火を合図に、旭川鉄道管理局が主催する新線の「修祓式」が挙行された。式に参列した一同は美幸線起点に設けられた祭だんに向って、この線の発展を祈り、高橋旭鉄局長・横山国鉄支社長・高橋鉄道建設公団札幌支社長に続いて西尾美深町長・佐藤枝幸町長・合田歌登町長・山崎美深町議会議長・扇谷枝幸町議会議長・吉田歌登町議会議長らも玉串を奉典、敬虔な祈りを捧げた。

続いて午前9時、国鉄北海道支社主催による「出発式」が挙行された。まず国鉄・公団関係者および処女列車の福田高男運転士、岩木正車掌らに花束が贈られた。

午前9時30分、松浦運輸大臣の代理として出席した大久保政務次官、国鉄総裁代理の柴田常務理事、太田鉄道建設公団総裁の3人が赤白のテープを切り、5輌編成の処女列車（ディーゼルカー）は陸上自衛隊名寄音楽隊の演奏する"鉄道唱歌"に送られて美深駅3番ホームから出発した。この列車には来賓はじめ、国鉄や公団ならびに枝幸・歌登の関係者、および美深町内では特に鉄道に関係のあった人たちの総勢500余名が乗り込んでいたが、この瞬間を見ようとして美深駅に集まった一般町民の数はかぞえきれない。

（当時推定2,000人を超えたともいわれた）ホームのはずれから線路の両側は、日の丸の小旗をもった人たちで埋まっていた。列車がすべり出すと同時に"万歳、万歳"の声でどよめいた。

途中、東美深駅や辺渓駅にも部落民全員が集まって処女列車を迎えた。ローカル線の開通式に、運輸大臣（代理運輸政務次官）・国鉄常務理事・国鉄道支社長・旭鉄局長・公団総裁をはじめ全国新線建設促進同盟会会長（元衆議院議長益谷秀次）や衆参両院議員など中央のお歴々が顔を揃えたことは他の新線では珍しいことであり、本町にとっても開村以来の大行事であった。

想い起こすと、美深〜枝幸を結ぶ美幸線は、30数年の夢を抱いてようやくその実を結んだ。この沿線は広大な森林資源と地下資源の開発、そして観光開発も予定されていた。

処女列車が仁宇布川発電所をすぎた頃から、紅葉した山間を縫って走り、その美しさはニウプ川に映えた。車中ではマイクを通じて「高広の滝」や「天竜沼」さらに松山の景勝も紹介されているうちに、午前10時1分、定刻どおり終着の仁宇布駅に到着した。駅の構内は部落民の旗で埋まり、駅前広場には「祝美幸線開通」の大アーチが立っていた。仁宇布駅に降り立った運輸省や国鉄関係者は木幡吉則（仁小4年）から感謝の言葉を受けて、住民の喜びをしみじみと感じ、10時30分、折返し運転の列車で美深駅へと向かった。もう、仁宇布に"陸の孤島"という暗い影はなくなっていた。

当日の行事はさらに続いた。11時15分、美深駅前を出発した祝賀旗行列は美幸線期成会役員を先頭に来賓、小・中・高校の児童生徒、一般町民など、その列はふくれ上がって、祝賀会場になった美深中学校までの間で1キロメートルも続いたといわれ、沿道に集まった町民も加えると約5,000人と記録されている。

美深中学校体育館における「開通式典」は正午を期して開会、五段雷の花火が同時に3発打ちあげられ、その轟音は秋晴の山々にこだました。式典は、国鉄道支社長・公団札幌支社長の式辞、国鉄総裁の挨拶に続いて、運輸大臣・益谷会長・衆参各運輸委員長・北海道知事・道議会議長らの祝辞と、美幸線敷設促進期成会会長（西尾六七）の感激にむせんだ謝辞があって、会場に集まった道内外および地元関係者ら650余名は、祝賀のうずにとけ込んだ。この式典はまさに30数年間の努力の結晶であり、美幸線の運動に参加、この喜びを味わずに他界された多くの先輩に対して心からの冥福も捧げられた。

開通後の美幸線の営業実績

美幸線は昭和39（1964）年10月5日、美深〜仁宇布間（21.2キロメートル）の部分開通によって営業が開始され、ディーゼルカーを1日5往復運行（当初1往復は辺渓駅折返し運行）してきた。仁宇布駅は駅員を配して乗客や貨物の取扱いもしているが、東美深・辺渓の両駅は無人駅のため乗降客は車掌が取扱ってきた。

町は昭和39年4月、辺渓小学校を廃校したので、児童は美幸線を利用して美深小学校に通学するようになり、中学生や高校生、通勤者も加わる朝夕のラッシュ時は1輌編成では満員の状態を続けてきた。しかし、沿線や仁宇布部落の人口密度が低いため、通勤・通学の時間帯以外は、この線もローカル線の例外にもれず乗客の数は極めて少ない。しかし、昭和40年度の実績を見ると、辺渓駅の乗降客は3万6,244人であって、宗谷本線紋穂内駅の2万3,545人よりはるかに多く、同41年度も紋穂内駅より1万4,721人多く乗降している。

仁宇布駅の貨物取扱い状況は、昭和42年度、貨物列車運行回数55回、発送7,790トン、到着946トンを取扱っており、発送品目は主として木材、到着は肥料や建設資材であった。

国鉄赤字線の廃止問題

昭和41年度の国鉄営業成績は、全国242線のうち、黒字線はわずか14線であって、道内では37線のうち室蘭本線と歌志内線だけが多少の黒字を出していた。

昭和42（1967）年10月、国鉄は営業上の悩みとなっていた赤字路線を逐次撤廃する方針を明らかにし、鉄道諮問委員会（国鉄総裁の諮問機関）は国鉄財政を危機に追い込んだ赤字線、特に地方通勤線と純ローカル線の抜本的な改善策を検討することになった。

国鉄道支社が発表した昭和41年度における営業成績は、美幸線を1キロメートル運行するのに、1日当り5,225円の損失を生じ、美深〜仁宇布間21.2キロメートルを1年間運行して約4,000万円の赤字がでた計算をしている。また営業係数から見ると「869」（100円の収入を得るため869円の費用がかかる）となり、全国一の赤字線にランクされた根北線（営業係数1793）に次いで全国第3位であった。（昭和40年度834）

こうした事情にあった美幸線は、他の赤字線とともに廃止路線の第1候補にあげられる運命にあったが、建設途上にある新線であって、わずか21キロメートル余の支線（枝線）の運行実績だけで評価することは適当でないとし、同42年11月1日には美幸線敷設促進期成会の総会を開き、廃止反対・全線開通の促進を決議した。さらに廃止反対の運動は全道的に展開され、翌43年7月2日には「北海道国鉄路線廃止反対期成会」も発足して強力な反対運動が巻き起こった。

同43年9月4日国鉄諮問委員会が国鉄総裁に答申した全国83線（うち道内15線）の赤字路線整理案に加えられた美幸線の前途は容易でないが、道北地域の総合開発を旗じるしに、関係住民一致して全線開通の促進運動は続けられている。

興浜北線
こうひんほくせん

本体は沖に離れたものの、一部の流氷は接岸したままで、濃い空色を映し出す海原と共に美しい冬の情景を描いていた。雪原に取り付く線路はか細く、単行の気動車列車は自然界の中であまりにも小さい。それでも人の営みがある場所を繋ぐべく、鉄路は延びていたのである。◎興浜北線　斜内～目梨泊　1981（昭和56）年3月3日

駅名票の明かりがまだ灯る早朝、構内は青い空気に包まれていた。かつては駅職員が滞在し、貨物、荷物の取り扱いが行われて構内だが、国鉄合理化の影響を受けて簡易委託駅、無人駅化されると、構内はホーム1面1線の棒線構造になった。しかし、駅舎は廃止時まで残っていた。◎興浜北線　目梨泊　1982（昭和57）年3月2日

斜内はオホーツク海沿いの寒村。小さな集落と小さな漁港がある。平地部と木々に蔽われた山地を隔てるように敷設された線路を坦々と進んできた下り列車は、斜内駅を出ると国道と並んで海岸線をなぞるように斜内山道へ向かう。
◎興浜北線　斜内〜目梨泊　1985（昭和60）年1月4日

斜内山道は夏の装い。降り注ぐ陽光を待ちわびた木々が、一斉に濃い緑で山を染めた。また、日ごとに強くなる南風は、岬へ続く稜線付近を霧で覆う。視界を横切る通信線が、かろうじて鉄路の在りかを示す眺めの中を、朱色に塗られたキハ22が沿線風景を楽しむかのように、軽快な足取りでやって来た。◎興浜北線　斜内～目梨泊　1985（昭和60）年6月25日　撮影：堀井敬之

音威子府で急行「利尻」から乗り継いだ興浜北線直通の列車を、薄明りの斜内駅で下車した。未だ暗い雪道を歩き、凍てついた斜面に取り付いた。元旦の日の出時刻は7時13分頃。晴天を約束するかのように東の空が赤く染まる頃、乗車してきた列車の折り返し運転である、上り列車が現れた。◎興浜北線　目梨泊〜車内　1985（昭和60）年1月1日

道内の積雪に見舞われる路線では、定期的に除雪車を運転していた。興浜北線では通常、ラッセルヘッドを備えた機関車が朝、全区間を一日おきに1往復していた。除雪作業は主に下り列車で行われ、浜頓別へ帰る上り列車はフランジャーを上げ、側面の羽根を閉じた回送列車であった。◎興浜北線　目梨泊～斜内　1985（昭和60）年3月1日

昨晩までの吹雪が嘘のように晴れ上がった。路線が廃止される年の元旦。神威岬の突端部を浜頓別行の上り列車が走り去る。
真っ青な水平線を延ばし、穏やかな表情を見せる北辺の海原とは対照的に、陽光にくっきりと照らし出された車両の前面を覆う
雪の塊が、当地における気候の厳しさを物語っていた。◎興浜北線　目梨泊～斜内　1985（昭和60）年1月1日

雪こそ降っていないものの、今日のオホーツク海沿岸はどんよりとした曇り空の下。年末から真冬日が続いていた。雪を巻き上げて進む気動車の顔は真っ白く染まり、デフロスターで雪を溶かした運転席前の窓だけが視界を確保していた。列車が終点駅に着くと僅かな乗客が、駅舎へ足早に歩いて行った。◎興浜北線　北見枝幸　1985（昭和60）年1月1日

終点駅の北見枝幸。路線の廃止時まで
職員が配置され、1984（昭和59）年2
月1日までは貨物扱いがあった。貨物列
車は隔日で運転されていた。構内には
延伸計画があった興浜線、美幸線の路
盤が完成していた。しかし両路線共に建
設工事が進められることはなく、未成線
に終わった。
◎興浜北線　北見枝幸
1985（昭和60）年6月25日
撮影：堀井敬之

翌月の全線廃止を前に、地元の小学生が終点駅を表敬訪問。駅長氏が乗務員扉を開けて、気動車の運転について説明している模様だ。近所から鉄道が姿を消して今年で37年の月日が流れた。社会見学に心を躍らせた子どもたちは、皆40歳代になっている。駅舎の跡地は現在、交通公園に整備された。◎興浜北線　北見枝幸　1985（昭和60）年6月25日

想い出の駅舎❸

ハクチョウが飛来する日本最北端の湖として有名で、ラムサール条約にも登録されているクッチャロ湖がある浜頓別町。町の玄関口である浜頓別駅は1918（大正7）年、宗谷本線の駅として開業している。その後は北見線（後に天北線）の駅となり、興浜北線も開業したものの、両線がともに廃止されたことで1989（平成元）年に駅も廃止された。
◎1975（昭和50）年9月19日　撮影：荻原二郎

この変わった名前の目梨泊駅は、1985（昭和60）年まで興浜北線に存在していた。駅名の「目梨泊」はアイヌ語の「メナシトマリ」に由来し、東風（が吹いたときの）の泊り地という意味である。駅の開業は1936（昭和11）年で、第二次世界大戦の終わり頃にかけて一時、不要不急線の駅として休止していた。◎1964（昭和39）年9月4日　撮影：荻原二郎

枝幸郡枝幸町にあった北見枝幸駅は興浜北線の終着駅として、1936(昭和11)年に開業している。その後は興浜線として雄武駅
まで延伸する計画があったが、実現することがなかった。また、宗谷本線の美深駅からやって来る美幸線の延伸計画もあったも
のの、仁宇布駅までの延伸にとどまった。この北見枝幸駅は1985(昭和60)年に廃止された。
◎1972(昭和47)年8月6日　撮影:安田就視

興部駅

難読駅のひとつだった興部(おこっぺ)駅、在りし日の木造2階建ての駅舎の姿である。1921(大正10)年3月に名寄東線の中湧
別~興部間が開業、10月に名寄西線の上興部~興部間が開業し、名寄本線の駅が誕生した。かつては興浜南線が分岐していた
が、その後に廃止され、1989(平成元)年の名寄本線の廃止により、駅も廃止されて、道の駅おこっぺに変わった。
◎撮影日不詳　撮影:山田虎雄

オホーツク海に面した紋別郡雄武町の玄関口だった雄武駅。雄武町はサケ、ホタテ、カニなどの漁業が盛んな町である。雄武駅は北に向かって延伸してきた興浜南線の終着駅で、1935（昭和10）年に興部〜雄武間の延伸に伴い開業している。その後、興浜北線の北見枝幸駅までの延伸が計画されていたものの、実現できなかった。◎1980（昭和55）年7月15日　撮影：安田就視

現在は滝上町の北見滝ノ上鉄道記念館となっている、渚滑線にあった北見滝ノ上駅。渚滑線の終着駅として、1923（大正12）年に開業している。道内には既に夕張線（現・石勝線）に滝ノ上駅が存在したため、旧国名の「北見」を冠した駅名となった。1985（昭和60）年に渚滑線が廃止されたことで、この駅も営業を終了した。◎1974（昭和49）年2月5日　撮影：安田就視

サロマ湖に注ぐ芭露川の河口付近にあった芭露駅は1935（昭和10）年、湧網西（後の湧網）線の駅として開業している。1987（昭和62）年、湧網線の廃止に伴い、駅の営業も終了した。廃止後も地元の有志が結成した旧芭露駅保存会により、駅舎、ホームなどが残されていたが、2006（平成18）年に駅舎は解体され、現在は記念碑だけが建っている。
◎1961（昭和36）年5月29日　撮影：荻原二郎

佐呂間駅

1936（昭和11）年、湧網西線の計呂地～中佐呂間間の延伸により開業した中佐呂間駅は、1953（昭和28）年の中佐呂間～下佐呂間（後の浜佐呂間）間の延伸により、佐呂間駅に駅名を改称した。1987（昭和62）年、湧網線が廃され、この佐呂間駅の営業も終了したが、駅の跡地は鉄道記念館のある佐呂間交通公園になっている。
◎1961（昭和36）年5月29日　撮影：荻原二郎

この常呂駅には奥村鉱業常呂鉱山から
産出する鉄鉱石を輸送する専用軌道が存
在した。開業は1936（昭和11）年、湧網東
（後の湧網）線の卯原内〜常呂間の延伸
時で、当初は終着駅だった。戦後の1952
（昭和27）年、常呂〜下佐呂間（後の浜佐
呂間）間の延伸に伴い、中間駅となった。駅
の廃止は1987（昭和62）年の湧網線の廃
止時である。
◎1983（昭和58）年7月31日
撮影：安田就視

半世紀前の1977（昭和52）年に竣工した
この駅舎が現役で使われている網走駅。
1912（大正元）年に誕生した初代の網走
駅（後に浜網走駅）に代わり、1932（昭和
7）年に現在地に二代目の網走駅として開
業している。石北本線と釧網本線が乗り入
れており、かつては湧網線も分岐していた。
特急「オホーツク」などの始発・終着駅であ
る。
◎1982（昭和57）年6月23日
撮影：安田就視

常呂駅

網走駅

興浜南線
こうひんなんせん

沿岸部で淀みを湛えるオニシ沼。そこからオホーツク海に注ぐ御西川をプレートガターの橋梁で渡る。列車の背景にオホーツク
海が広がり、ゆったりとした弧を描く水平線が続いていた。雲が垂れ込める気だるい眺めの中を行く単行のキハ24は、いつもよ
りさらにゆっくりと走っているかのようだった。◎興浜南線　興部〜沢木　1985（昭和60）年6月23日　撮影：堀井敬之

沢木駅は名寄本線興部駅より興浜南線が分岐して最初の駅。駅の周辺に集落はあるものの、ホーム一面のささやかな構内形状だった。駅名票の側に、日出岬と海水浴場を記した名所案内が建つ。部活動か修学旅行に出かけるのか、地元の生徒が駅に入って来る列車を、ホームの端で出迎えていた。◎興浜南線　沢木　1985（昭和60）年6月24日　撮影：堀井敬之

オホーツク海に突き出した日ノ出岬の根本部分を、線路は大きな弧を描いて通っていた。沢木駅を出て鉄道と離れた国道が、再び線路に寄り添う手前に元沢木仮乗降場があった。仮乗降場は国鉄時代からの乗降施設である。地方の管理局が、独自の判断で設置することができた。◎興浜南線　沢木〜栄丘　1985（昭和60）年1月3日

名寄本線がオホーツク海の沿岸部へ出る興部駅から、海岸沿いを北へ進んでいた興味浜南線。仮乗降場であった元沢木周辺では、車窓からは雄大な弧を描く水平線を眺めることができた。冬の風物詩である流氷は、穏やかな晴天下で岸辺を離れ、今日は沖合に白線を延ばしていた。◎興浜南線　沢木〜元沢木（仮）　1981（昭和56）年3月5日

正月明けの宵。終端駅で本日
の上り最終列車が、発車時刻
を待っていた。テールライトが
凍てついた雪に蔽われた構内
を、ほのかに赤く照らし出す。
しかし、単行気動車の一日は
まだ終わらない。本列車が興
部で折り返す下りの終列車ま
で、雪まみれの運用は粛々と続
くのだ。
◎興浜南線　雄武
1985（昭和60）年1月4日
撮影：堀井敬之

終点雄武駅。駅名の読みは「おむ」だが、所在地の町名は「おうむ」と読む。町名はアイヌ語で「川尻・塞がる・所」を指す「オムイ」。または「川尻・塞がる」を指す「オム」に由来すると言われる。ホームは1面1線であったものの、構内には貨物列車留置線等があった。◎興浜南線　雄武　1981（昭和56）年2月25日

『枝幸町史』に登場する興浜線

南北両線開通

交通網が少しずつ整備されてきたとはいえ、枝幸にとって明治以来の懸案は鉄道の開通である。枝幸に限らず北オホーツク沿線の住民にとって、寸断された海岸線の難所をカバーし、船便では得られない高速性と安定性に優れた交通機関である鉄道の実現は、長年の夢であった。

特に、国鉄宗谷線が頓別原野を通って、置き去りにされた形の枝幸が、隣村の雄武村とともに長年鉄道の実現に住民挙げての誘致運動を展開してきたのは当然である。

大正11（1922）年4月の改正鉄道敷設法公布に伴って、全国の鉄道予定線が決定した。この予定線の中に、名寄線興部駅と宗谷線浜頓別駅を結ぶ、オホーツク海沿岸の興浜線が計画されていた。しかし、着工は容易に進まず、具体化の兆しが見えたのは滝本村長らが上京陳情した昭和4年以降である。

興部～雄武間の興浜南線は昭和8年着工、同10年9月開通、浜頓別と枝幸を結ぶ興浜北線30.4キロメートルも南線と同様同8年に着工したが、完成は約1年遅れて同11年7月10日に開通した。枝幸に鉄道敷設の希望が生まれてから実に30年以上の歳月をかけて住民の夢が実現した。

興浜北線の開通で、北見枝幸駅と同時に、村内には問牧駅、目梨泊駅も設置された。

撤去と復活

せっかく部分開通した興浜線も、太平洋戦争が苛烈になると、未完成の中間地帯を埋めるどころか、逆に休止、撤去の運命をたどった。興浜南北線とも、不要不急の鉄道に指定されたのである。日本の軍国主義、独占資本主義は、効率の悪い辺地には極めて非情であった。軍事上重要な樺太国境付近へ移すため昭和19（1944）年10月、レールが外された。

興浜南北線再開通の運動は、終戦の翌月から「戦争が終わったんだから、鉄道も兵隊と同じように復員させてくれ」と関係者が陳情を行った結果、同年中に復元が決定、同20年12月5日に喜びの再開通が実現した。

興浜線のうち枝幸～雄武間の未完成区間の早期建設について、関係自治体は、ことあるごとに陳情を繰り返し、同31年2月には調査線に、翌32年4月には工事線に取り上げられ、そのうち音標～雄武間18.22キロメートルが、同33年7月着工認可となった。

同年10月から1ヵ月間、国鉄札幌工事局の測量隊が入り、実測を完了し、36年9月から用地の買収も開始された。積雪量調査も行われ、雄武から音標までの建設起工式が雄武町で行われたのは同41年5月のことである。

この間、同35年4月には、枝幸～雄武間50.27キロメートルの全区間が建設線に決定、音標～枝幸間の測量、用地

買収も続けられ、同50年を目標に、興浜線全通の長期事業が進められた。

美幸線の現地調査と請願

枝幸町における鉄道建設のいま一つの課題は、美幸線の完成であった。枝幸と宗谷本線美深を結ぶ、82.15キロメートルの鉄道建設運動が具体化したのは、昭和6（1931）年にさかのぼる。

同年4月、美深町長堀捨次郎らが仁宇布から山越えして上徳志別、志美宇丹、歌登、枝幸と現地調査をした。美深にとっては、奥地の木材その他の資源搬出、奥地開発が目的であった。調査直後の5月から請願が始まった。昭和10年には、枝幸村長、美深町長双方の請願が鉄道省に認められるに至り、鉄道実現の可能性が深まった。

これが実現すると、興浜線と美幸線の要に枝幸が位置付けられることになる。しかし、日華事変から太平洋戦争への道がその実現を許さなかった。

全線開通へ

戦後、運動は本格化し、昭和21（1946）年7月には衆議院請願委員会で採択され、同24年には美深町に美深・枝幸間鉄道敷設促進期成会が結成された。さらに、美深、歌登、枝幸の3町村合同会議も設置されるに至った。こうした努力を経て、ようやく同28年に法律線となった。

同31年2月、美幸線は調査線となり、翌年4月には建設線に決定し、美深～仁宇布間がまず着工した。同32年7月のことである。工事は7年にわたり続けられ、8億5000万円をかけて同39年10月、21.4キロメートルが開通した。

美幸線の枝幸町内敷設運動は、継続して繰り返された。昭和36年12月28日に全線着工が認可され、翌37年6月、枝幸町で北工区（枝幸側）の杭打式を行うまでにこぎつけたが、本格的な工事までにはなお時間を要した。同39年2月、日本鉄道建設公団法が公布され、3月同公団が発足、全国の新鉄道路線の建設に当たることになった。

こうした長い運動がやっと実を結び、枝幸側の工事が始まったのは昭和40年11月のことである。11月1日、歌登町パンケナイのトンネル工事現場で、北工区の起工式を行い、引き続いて枝幸小学校で記念式典を開いた。北工区の工事は枝幸駅を起点として、歌登市街を経て志美宇丹に至る延長27.4キロメートルで、総工費25億4000万円を予定した。昭和45年度中に路盤建設とともに橋梁18ヵ所（延長831メートル）、トンネル2ヵ所（志美宇丹1520メートル、歌登700メートル）の建設を目標に着工した。このうち、枝幸町市街の高架橋は309メートルに及ぶ。

こうして、町内の路盤工事はほぼ完了し、その後、志美宇丹－仁宇布間が建設されれば、美幸線が全線開通の時には興浜線と接続して、かつては陸上交通の袋小路に置かれ

ていた枝幸町も、新しい局面を迎えると期待されていた。

興浜北線のあゆみ

　国鉄興浜北線（枝幸〜浜頓別、延長30.4キロメートル）は、昭和11年7月に開通した。

　枝幸村内には北見枝幸、問牧、目梨泊の3駅が設けられた。その前年9月には興浜南線（網走管内興部〜雄武、同20.062キロメートル）が開通しており、両線をつなぐ雄武〜枝幸間の鉄道開通が期待された。しかし、第2次世界大戦も終盤にかかる19年9月、戦時拠出として両線の鉄路が撤去された。これが復元開通したのは、戦後の20年12月になってからである。

　懸案であった雄武町〜枝幸町間（延長50.27キロメートル）の鉄道が建設線として認可され、このうち雄武町〜枝幸町音標間（同21キロメートル）の路盤工事が41年5月に着工した。48年度までに橋梁39ヵ所、ずい道1ヵ所を含めこの工事が完了し、残る音標〜枝幸の区間も49年5月に着工認可され、路盤工事に取り掛かった。当時は55年度末までに、全線開通という計画であった。

地方赤字線に逆風

　採算の合わない地方赤字線の整理・合理化案は、昭和30年代から検討されていたが、国鉄諮問委員会は43年9月、国鉄総裁に対して、「全国242線・約2万8000キロメートルのうち83線・約2600キロメートルを廃止するのが適当」と答申した。この廃止線の中に道内15線が含まれ、興浜北線も美幸線とともにその対象となった。地方赤字線廃止を核とする国鉄再建の具体案がその後も加速的に進み、55年12月の「国鉄経営再建促進特別措置法」公布を経て、翌56年3月の閣議で廃止基準などを定めた政令が決定した。

　その骨子は、輸送密度（1日1キロメートル当たりの乗客数）が2000人以下の路線を廃止基準と定め、60年度までに全国で77線を廃止対象とした。特に「輸送密度が500人未満で営業キロ50キロメートル以下」「輸送密度が500人以上2000人未満で営業キロ30キロメートル未満」の過疎路線は、第1段階（56、57年度）で廃止するというものであった。

　これにより全国40線中、道内の23線が第1次特定地方交通線に選定され、このうち興浜北線、美幸線、興浜南線、白糠線、相生線、渚滑線、岩内線、万字線の8線が第1段階として57年度までに廃止されることが決定した。運輸省は廃止に当たって、それぞれの線区ごとに代替輸送について協議する場として、地方協議会の設置を義務付けた。

追い詰められる興浜北線

　全国・全道に広がった反対運動や町民ぐるみの阻止運動にもかかわらず、北見枝幸駅の貨物取り扱いは昭和59年2月1日から廃止された。昭和11年の開業とともに貨物の取り扱いを開始し、40年の最盛期には石炭・製材原木・魚介類・農畜産物など1日平均の取扱量は207トンにも達して

いた。それがトラック輸送などに押され、57年には石油・石炭・飼料・肥料など32トンと、最盛期の15パーセントまで落ち込む衰退ぶりであった。こうしていよいよ、興浜北線も美幸線とともに廃止への正念場を迎えた。

　この間、雄武町と結成していた興浜線敷設建設促進期成会（会長・三浦進枝幸町長）が56年9月の定期総会で、興浜北線、興浜南線の廃止反対とともに、稚内市〜釧路市間を結ぶ「オホーツク本線」の早期実現という新しい構想提案を決議、新線建設促進運動に全力を挙げる決意を示した。この構想は、根室本線から宗谷本線まで興浜北線を含む9路線504.5キロメートルを結ぶ壮大なものであった。一方、枝幸町は、それまで態度を決めていなかった興浜北線特定地方交通線対策協議会への参加について決断、57年10月1日から7回に及ぶ会合に出席、国鉄が廃止線になった後に第3セクターとして列車運行を継続する方向も検討した。

　これに対し、道も理解を示して本格的に検討する姿勢を明らかにした。ところが59年になって道の民間委託調査結果や、北海道運輸交通審議会の答申で、「第3セクターによる運営が極めて厳しい。バス運行への転換が望ましい」という結論が出された。こうした情勢を受けて、既に枝幸町でも三浦町長が58年12月18日の定例町議会で、「バス転換もやむを得ない」と事実上、興浜北線の廃止を容認していた。さらに、翌59年12月の定例町議会で興浜北線（北見枝幸駅〜浜頓別駅、延長30.4キロメートル）について、雄武町までの新線建設と第3セクターによる運行計画を断念し、枝幸〜浜頓別間のバス転換を検討する方針を正式に表明した。このため、興浜北線は60年6月30日をもって廃止され、7月1日から代替バスの運行を開始することになった。同時にオホーツク本線構想も、雲散霧消した。

美幸線のあゆみ

　旧国鉄の美幸線は、宗谷本線の美深町から天北国境を越え、歌登町を経由して枝幸町に至る総延長約79キロメートルの鉄道として計画された。歴史をたどると、昭和6年5月ごろから地元で建設請願運動が始まり、第2次世界大戦を挟んで32年7月にようやく美深〜仁宇布間（約21キロメートル）で着工、39年10月に開通した。この間、36年に枝幸町までの全線が着工認可となり、仁宇布〜枝幸間の路盤工事も51年にはほぼ完了していた。その後も、開業に向けた軌条敷設、鉄橋架設や駅舎建設などの最終的な工事が進んでいた。

幻に終わった全線開通

　美幸線は歌登、枝幸を結んで初めて本来の使命を果たすものであった。仁宇布までの開通だけでは利用価値も限られ、「日本一の赤字路線」というありがたくない代名詞をもらい、有名になっていた。そのため早期全面開通を期待する声が高まっていたが、結局、未完成の仁宇布〜枝幸間も含め、美幸線全線が60年9月17日をもって廃止された。

渚滑線
しょこつせん

小学校がある上渚滑の町中を過ぎると、沿線は川間の風情が一段と強くなった。裸木の林となった斜面に視界が抜けている箇所を見つけ、膝まで雪に埋まりながら登った。冬の天気は変わりやすく、つい先程まで晴れていた空は見る間に雲で覆われ、列車が通過する頃には雪が降り出した。◎渚滑線　上渚滑～滝ノ下　1985（昭和60）年1月4日　撮影：堀井敬之

薄明りの中に見えるストーブの排煙管が人恋しさを募らせる終点の駅舎。玄関口に被さる上屋は扉と同じ二重構造で、北国の建物らしい設えだ。ホームに停車する気動車は発車時刻が迫っているのか、忍び寄る寒さの中で乗降扉を開け放っていた。それでも駆け込んだ車内では、優しい温盛が出迎えてくれた。◎渚滑線　北見滝ノ上　1985（昭和60）年1月4日　撮影：堀井敬之

名寄本線の渚滑駅から分岐し、渚滑川の流れを遡って西側の谷へ延びていた渚滑線。末期は一日に下り列車8本、上り列車6本の運転で、名寄本線の紋別まで乗り入れる列車が多かった。また、夕刻に設定されていた下り一本は、石北本線と接続する遠軽始発の列車だった。◎渚滑線　北見滝ノ上　1985（昭和60）年1月4日　撮影：堀井敬之

渚滑線の終点であった北見滝ノ上駅。
1960年代までは周辺の山から切り出
される原木の集積地であり、路線は木材
等を積み荷とした貨物輸送で、活況を呈
していた。構内には車庫等、機関車の滞
泊施設を備え、路線の廃止時まで、蒸気
機関車の向きを変える転車台があった。
◎渚滑線　北見滝ノ上
1985（昭和60）年1月3日

『新紋別市史』に登場する渚滑線など

道内鉄道の幕あけ

北見地方への鉄道建設計画が具体化したのは、明治29 (1896) 年の北海道鉄道敷設法公布以後のことで、名寄線についてはその全通をみたのは大正10年3月であるから東京～横浜間の開通と比較すれば約半世紀後のことで、いかに北見地方の開拓が遅れていたか、まして管内でもっとも古くからひらけていた紋別が、他町村に比し遜色のあったのは、なによりも鉄道の恩恵がなかったことである。

鉄道敷設計画

もちろん、それまでに鉄道敷設の計画がなかったわけではなく、明治23 (1890) 年の計画には、空知太 (滝川) から石北国境を越えて網走に達し、網走と釧路を結ぶ線があり、同25年の殖民鉄道予定線の中にも、空知太～網走線、網走～釧路線の構想が継承されている。

明治26年12月、道庁では拓殖と国防上から鉄道予定幹線図を作成し、構想具体化が1歩進んだ。それによると、第1は小樽～函館間146マイル、第2は空知太～旭川～十勝～釧路～標茶を経て厚岸と網走に至る339マイル半、第3旭川～宗谷間180マイル、第4は奈与呂太 (名寄) ～湧別を経て網走に至る84マイルの計画を進めていたが、明治29年5月法律第93号をもって北海道鉄道敷設法が制定され、鉄道建設の促進がはかられた。

まず、第1期線として、
1、旭川より十勝、釧路を経て網走に至る線　370マイル
1、厚岸より根室に至る線　65マイル
1、旭川より宗谷に至る線　180マイル
さらに、第2期線として
1、利別太より相ノ内に至る線　89マイル
1、網走より湧別に至る線　84マイル
1、名寄より興部に至る線　55マイル
1、興部より湧別に至る線　28マイル
1、雨竜より増毛に至る線　40マイル
の8線を予定線と定めて、明治30年11月、道庁に鉄道部を設置して建設に着手した。また、明治39年帝国議会において、北海道鉄道予定線の変更が行われ、北見関係では、第2期線の利別太 (池田) ～相ノ内間を池田～網走間に改め、第1期線に繰りあげ、第1期線の厚岸～網走間は第2期線に繰下げられたのである。

実現促進運動

いうまでもなく、鉄道開通はその地域の盛衰を左右する問題であったので、建設予定線が発表されると、地域住民は北見内陸を貫通する動脈としての利別太～相ノ内線の敷設に対し、猛烈な速成運動を展開したのである。

明治33 (1900) 年10月には、紋別、常呂、網走3郡の住民が連合して北見鉄道速成期成会 (第2期幹線速成同盟会) を組織し、下湧別において北見国民大会を開催するなど熱意ある運動を示し、この年はじめて衆議院の採択となった。

第1期線に繰上げられた池田～網走間は、大正元 (1912) 年10月に全線の営業を開始した。ここに鉄道は初めてオホーツク海に達し、池田を通じて道央に連絡する大動脈を完成、つづいて5年には湧別線、10年名寄線、12年渚滑線、14年相生線とあいついで開通し、北見地方の交通運輸は画期的な進展をみせた。

湧別線開通当時、北見における既定未成線としては、厚岸～網走間の厚網線、名寄～湧別間の名寄線があり、予定線としては、根室から中標津、弟子屈、斜里を経て網走に達する根網線、釧路から阿寒を経て美幌に至る釧美線、旭川から温根湯を経て留辺蘂に至る武華線、旭川～白滝～遠軽間の野上線、渚滑と士別を結ぶ渚滑線、網走から常呂を経て下湧別に至る湧網線などがあり、それぞれ関係地域で根強い速成運動が続けられていた。

名寄線の開通

大正6 (1917) 年、予定線の整理が行われた結果、名寄線は8ヵ年の予定を5ヵ年に短縮して大正10年度をもって完成することとし、大正7年4月1186万3326円の建設費をもち、名寄を起点として起工、翌8年10月12日下川まで開通、同9年10月25日には上興部まで延長した。

一方、中湧別を起点とした工事も大正10年3月25日、沼の上、小向、元紋別、紋別、渚滑、沙留、興部まで通じ、同年10月5日には上興部～興部間が開通して、ここに全線の開通をみるにいたった。これにより、紋別地方を中心とする管内北部の開発は急速な進展をみせ、昭和7 (1932) 年石北線の開通までは、道央と結ぶ最短路線として利用された。

渚滑線

渚滑線の建設も、同地方住民多年の念願であり、熱心な運動がつづけられた結果、大正12年11月5日をもって渚滑～滝上間の営業を開始、沿線の農林資源の開発を促進した。

開通と同時に渚滑機関庫が設置されたが、昭和2 (1927) 年10月10日石北線の一部開通 (遠軽～丸瀬布) にともない、渚滑機関庫遠軽分庫が遠軽にでき、同7年10月石北線の全通により、遠軽は石北線と名寄線の分岐点となったので、遠軽分庫は機関庫に昇格し、渚滑は逆に遠軽の分庫となったのである。

大正11年4月には、改正鉄道敷設法が公布されて北海道鉄道敷設法は廃止され、新たに22の予定線が定められた。なおこの間において、渚滑線では大正13年10月21日濁川駅が開駅している。これは付近集落の急激な戸口の増加によるもので、地域住民の根強い期成運動が実を結んだのである。

渚滑線分岐点問題

大正後期における紋別町は多年の懸案であった鉄道問題は一応達成されたが、渚滑線との分岐点問題があり、発着駅を紋別駅とすべく再三請願運動を行ったのである。

紋別駅設置場所その他の問題などもあって、結果的には渚滑駅が分岐点となり、これにより渚滑村は急激な発展をみて、反面紋別町は経済面でかなりの影響があった。

ディーゼルカーの登場

戦後まもなく鉄道は混乱の時期にあり、その状況はまさに"交通地獄"の観を呈した。戦時中の疎開解除による都市への帰省、外地からの連日にわたる引揚者、復員軍人の移動、闇物資運搬のためのカツギ屋の横行など、車両の不足と相乗して機関車にまで乗り込む光景がみられたのもこのころである。

こうした戦後の産業の復興、経済の成長に船舶と並ぶ一大輸送機関としての役割を果たし、今日の繁栄に大きく貢献してきた鉄道は20年代半ばからじょじょにその姿を変えはじめる。つまり国策遂行上、採算を度外視して傾注された貨物輸送から、旅客輸送への転換がはかられ、さらに輸送効率の向上のためのスピード化への移行である。

本市におけるディーゼルカーの運行は昭和30（1955）年12月からである。当初は地方交通の改善および経費の節約などの理由によって、単車運転を目的とする自動車用ディーゼル機関を利用した気動車（レールバス）であった。上り（名寄方面）下り（遠軽方面）あわせて1日25本が運転され、さらに利用者の利便をはかって名寄線には一本松（昭30・12）弘道（31・5）潮見（34・11）、渚滑線では16号線、上東、奥東（ともに30・12）元西（31・5）の6ヵ所に停留所が増設された。このレールバスの運行によって、これまで客貨混合列車のため名寄－遠軽間で7時間を必要としていたものが半分に短縮されるなど大幅なスピード・アップがはかられた。しかし車両が小型（定員46人）で従来の客車にくらべ半減したため、通勤、通学のラッシュ時には乗車率は100％をはるかに超えて不評をかった。

これを解決するため名寄沿線各市町村の関係者によって組織された「ディーゼルカー運行促進期成会」（会長大西真平紋別市長）はディーゼルカー（定員約80～90人）の配車へ向けて旭川鉄道管理局などに運動を続けた。この結果、31年11月に2往復、翌32年2月に7往復の運行をみるに至った。また同時に紋別商工会議所なども運動していた旭川への直通列車が2両編成で運行されて旭川が日帰り圏にはいるなど、ようやくさみだれ的ではあるが利用者の不評は解消された。この間、永く沿線住民になじんできた客貨混合列車は姿を消し、さらに大正12年渚滑線開通いらい市民と深いかかわりあいをもってきた渚滑機関区が気動車に続くディーゼルカーの運行によって昭和35年5月、30有余年の歴史を閉じた。広大な車庫は公売に付され、60人余りの職員は遠軽機関区その他関連部署に配転となった。

急行の運行と廃止

「名寄線に急行を」という沿線住民の願いがようやく実現したのは昭和37（1962）年5月1日で、「急行紋別号」と「準急天都号」の運行である。とくに「急行紋別」は名寄経由で紋別－札幌間を6時間で結び道央圏の日帰りを可能とした。一番列車の運行には、名寄線開通いらいの画期的なものとして、早朝にもかかわらず多数の市民が駅に参集、宮尾市長のテープカットのもと花火を打ち上げてその出発を祝った。また同時に運行された「準急天都」も興部－網走間を結ぶビジネス急行として支庁所在地への利便がはかられ、沿線住民に利用された。しかしこの両列車も後述する国鉄の経営合理化で55年10月「天都」は廃止、「急行紋別」は札幌－遠軽間が札幌－興部間に短縮され、興部－遠軽間は各駅停車の普通列車となった。

オホーツク本線建設構想

網走、釧路、宗谷3支庁の8路線を結ぶ総延長500キロ、4市14町1村を縦断する雄大なオホーツク本線建設構想は「網走管内総合開発期成会」（会長・安藤哲郎網走市長）が管内開発と赤字ローカル線問題を検討しているなかで生まれた。ただちに網走支庁を通じて関係市町村との意見の調整がはかられ、昭和56年10月28日、紋別市に宗谷、網走、釧路管内4市14町1村の各首長が参集し、廃止対象となっているオホーツク海沿岸の国鉄ローカル線を釧路から稚内までの大動脈として有機的に結ぼうと「国鉄オホーツク本線建設促進期成会」を結成した。これはあくまで「国鉄の範ちゅうで運行」するものであって、第3セクター方式は考えないことを前提として、つぎの役員が選出された。

（会長）金田武紋別市長（副会長）鰐渕俊之釧路市長、安藤哲郎網走市長（理事）浜頓別、枝幸、佐呂間、湧別、雄武、標茶各町長（監事）上湧別、興部各町長（事務局）紋別市

その後、中央陳情、関係省庁との折衝などの結果から、当初の国鉄の範ちゅうで運行するとの構想が雄武－枝幸間（51キロ）の未開通区間の問題などもあって、第3セクター方式の採用も止むをえないとの状況にかわった。加えて多額の費用のねん出など、実現に向けての課題は山積している。57年10月27日、多くの思惑を抱えながらも夢の実現のためのPRをねらいとして「オホーツク本線デモの旅」が行われ、関係者約60人が網走－稚内間を11時間かけて試乗した。また11月の道議会総務常任委員会で期成会より提出された「国鉄オホーツク本線建設促進に関する請願」が採択された。赤字ローカル線廃止対策の手段として打ち出されたこのオホーツク本線建設計画は今後どのような推移をたどるか、名寄本線の廃止問題とあわせて住民の大きな関心を集めている。

湧網線
ゆうもうせん

名寄本線の中湧別駅を起点として、サロマ湖、オホーツク海、能取湖、網走湖の沿岸部を経由して網走駅まで延びていた湧網線。サロマ湖の南西部では、湖畔をなぞるように線路が敷かれていた。氷結して銀盤となった湖に人影はなく、打ち捨てられたかのように漁船が係留されて、春の訪れを待っていた。◎湧網線　芭露～計呂地　1982（昭和57）年3月7日

網走川が流れる網走市内の空撮で、
網走川をさかのぼると網走湖が存在
している。左にカーブしながら走って
いる釧網本線には、この川の上流に
網走駅が存在する。現在の網走駅は
二代目の駅で、初代の網走駅は写真
の左上に見える貨物駅（浜網走駅）と
なっていた。その後、周辺の市街地化
のために1969（昭和44）年、郊外に
移転し、跡地は中央公園、道営住宅な
どに変わっている。網走川の河口付近
（左岸）にはモヨロ貝塚が残り、現在
はモヨロ貝塚館が開館している。

網走市
1959年
（昭和34年）

<ruby>相生線<rt>あいおいせん</rt></ruby>

石北本線の美幌駅と、網走
川を遡った山間の町相生
の北見相生駅を結んでい
た相生線。津別駅は起点の
美幌から南へ約16km離れ
た隣町に設置されていた。
一日5往復運転されていた
列車のうち、午前中に運転
する列車が2回、当駅で交
換した。駅には路線の廃止
時まで、職員が配置されて
いた。
◎相生線　津別
1985（昭和60）年1月2日
撮影：堀井敬之

網走川にチミケップ川が合流する本岐地区は、地域で産出する木材の集積地だ。相生線が貨物事業から撤退し、年度始めには路線の廃止が決まっていた年の正月にも、駅の東側には切り出された原木がうず高く積まれていた。棒線状の駅構内はかつて、列車の交換施設を備えていた。◎相生線　本岐　1985（昭和60）年1月2日　撮影：堀井敬之

網走郡津別町にあった北見相生駅は、相
生線の終着駅として1985（昭和60）年の
同線廃止まで存在した。駅の開業は相生線
が開通した1925（大正14）年だったが、こ
の路線はほぼ並行して走る釧網線が開通
したことで、利用客の数は少なかった。ま
た、駅名、線名としての相生は全国に多く、
国名の「北見」を冠した駅名となっていた。
◎1970（昭和45）年8月5日
撮影：荻原俊夫

北海道には「美」の字が付いた地名が多く、「幌」の付く地名も少なからず存在する。2つを組み合わせた「美幌」は、アイヌ語の「ピポロ」「ペポロ」に由来し、「幌（ポロ、ホロ）」は大きい、多いという意味。美幌駅は1912（大正元）年に網走本線の駅として開業している。現在は石北本線に所属しており、かつては相生線が分岐していた。
◎1962（昭和37）年8月25日
撮影：荻原二郎

北見相生駅

津別の町中を離れると、左右の車窓に急峻な山並みが迫る。ようやく稜線上に輝き始めた太陽が鉄路と国道が、寄り添うように延びる狭い谷筋を照らし出した。にわかに踏切の警報機が鳴り始めると、しばらく間があって気動車がやって来た。雪路に朱色ら号の一色塗装が映えた。◎相生線　恩根～本岐　1985（昭和60）年1月2日　撮影：堀井敬之

本書に登場する路線の時刻表（1966〜67年）

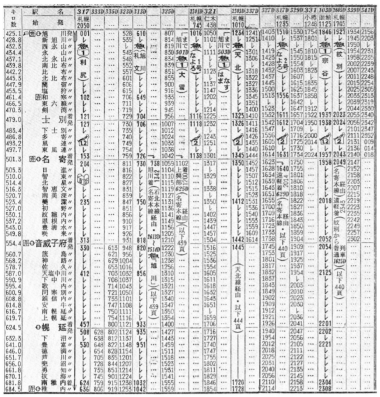

宗谷本線

興浜南線

興浜北線

深名線

湧網線

相生線

美幸線

渚滑線

【写真撮影】
野沢敬次（のざわけいじ）

1959(昭和34)年大阪府生まれ。「風景の中を駆ける鉄道」をテーマに全国各地を撮影する一方、各地の歴史的建造物の調査・執筆を行う。主な発表媒体に『週刊現代』(講談社刊)、『鉄道ダイヤ情報』(交通新聞社刊)、『週刊歴史でめぐる鉄道全路線』(朝日新聞社刊)、『知れば知るほど面白い阪急電鉄』等がある。有限会社ＳＴＵＤＩＯ夢銀河・代表、ユーモアを忘れない律儀な関西人を自負する。日本写真家協会会員、日本鉄道写真作家協会会員。2021(令和3)年逝去。

堀井敬之（ほりいのりゆき）

1960(昭和35)年、大阪府在住。幼少期のプラレールにて鉄道趣味活動が始まる。中学生になり、鉄道模型(16番＝1/80　16.5㎜ゲージ)の収集・工作へと進む。1978(昭和53)年、一眼レフを初めて手にし、実物の鉄道写真撮影に興味が傾く。主とする被写体である蒸気機関車(SL)を追い、山口線の「SLやまぐち号」をはじめ、全国各地のSL運転線区に通う。旧知の野沢敬次氏による「ＳＴＵＤＩＯ夢銀河」設立に伴い、本業の傍ら同社の契約カメラマンをつとめた。

【写真解説】
牧野和人（まきの かずと）

1962年、三重県生まれ。写真家。京都工芸繊維大学卒。幼少期より鉄道の撮影に親しむ。2001年より生業として写真撮影、執筆業に取り組み、撮影会講師等を務める。企業広告、カレンダー、時刻表、旅行誌、趣味誌等に作品を多数発表。臨場感溢れる絵づくりをもっとうに四季の移ろいを求めて全国各地へ出向いている。

【写真提供】
荻原二郎、荻原俊夫、杉﨑行恭、安田就視、山田虎雄、朝日新聞社（空撮）

道北の国鉄・JR
1980年代～90年代の記録

発行日 ………………… 2022 年 3 月 1 日　第 1 刷　　※定価はカバーに表示してあります。

著者 …………………… （写真）野沢敬次、堀井敬之、（解説）牧野和人
発行人 ………………… 高山和彦
発行所 ………………… 株式会社フォト・パブリッシング
　　　　　　　　　　〒161-0032　東京都新宿区中落合 2-12-26
　　　　　　　　　　TEL.03-6914-0121　FAX.03-5955-8101
発売元 ………………… 株式会社メディアパル（共同出版者・流通責任者）
　　　　　　　　　　〒162-8710　東京都新宿区東五軒町6-24
　　　　　　　　　　TEL.03-5261-1171　FAX.03-3235-4645
デザイン・DTP ……… 柏倉栄治（装丁・本文とも）
印刷所 ………………… 新星社西川印刷株式会社

ISBN978-4-8021-3311-1 C0026